서울 아파트 지도

돈 되는 아파트만
골라낸 특급 답사기

이재범(핑크팬더) 지음

서울 아파트 지도

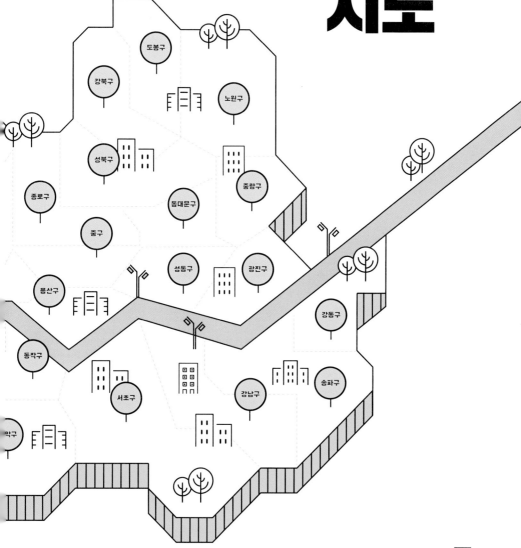

도봉구
강북구
노원구
성북구
종로구
동대문구
중랑구
중구
성동구
광진구
용산구
강동구
동작구
서초구
강남구
송파구
학구

리더스북

일러두기

* 본문에 나오는 모든 아파트 단지 명칭은 네이버부동산을 따랐습니다.

* 본문에 나오는 아파트 가격은 해당 기간 네이버부동산에 등록된 정보를 토대로 산출한
  평균값입니다.

* 모든 아파트 면적은 특별한 언급이 없는 경우 전용면적을 의미합니다.

* 본문에 사용한 지도는 카카오맵과 네이버지도임을 밝힙니다.

차례

PART 5 동남권

서울 아파트, 절대로 포기하지 마세요

서울에서 나고 자란 사람이라도 서울의 모든 곳을 가보는 것은 아니더군요. 대부분은 자신이 거주하고 활동하는 패턴에 따라 이동하곤 합니다. 그러다 보니 자신이 사는 동네의 특성도 잘 모르는 사람이 부지기수고요. 스무 살이 되기 전까지는 저도 그랬습니다. 집과 학교만 왔다 갔다 했을 뿐, 다른 지역은 잘 알지 못했습니다. 그나마 서울 토박이라 알음알음 여러 동네에 얽힌 이야기를 들은 것이 전부였죠.

성인이 된 이후부터는 서울 구석구석을 돌아다녔습니다. 참 이곳저곳 많이도 다닌 것 같습니다. 방송이나 신문에 소개된 유명한 지역이나 뜨는 곳이 있으면 혼자라도 그 근처를 지나다녔으니까요. 부동산 투자에 아무런 관심도 없을 무렵인데, 지금 생각해보면 그저 유명한 곳에 가보고 싶다는 동경이 좀 더 크지 않았나 싶습니다.

그렇게 서울 이곳저곳을 돌아다니면서 자연스럽게 그 동네의 주택도 눈여겨보게 되었습니다. 당시만 해도 아파트가 별로 없었지만, 이제 아파트는 어느덧 많은 사람들이 살고 싶어 하는 곳이 되었습니다. 동시에 한정된 자원으로 어떤 곳을 선택해야 할지 고민하게 만드는 대상이기도 합니다.

서울 열린 데이터 광장에 의하면 2017년 기준 서울의 주택 비율은 단독주택이 30.1%, 아파트가 42%, 다세대주택이 17.3%입니다. 전국 주택에서 아파트가 차지하는 비율이 48.6%임을 생각하면, 서울에는 아파트가 생각보다 적다는 것을 알 수 있습니다. 안타깝게도 땅은 한정되어 있는데 아파트에 살고 싶어 하는 사람은 많으니, 수요가 공급을 초과할 수밖에 없습니다. 재건축이나 재개발이 진행되지 않는 한, 서울에서 아파트 공급 물량이 더 늘어나긴 힘든 상황입니다.

그러니 서울에 있는 새 아파트에서 살기란 정말 어려운 일입니다. 우선 신축 아파트를 분양받을 수 있었던 청약제도는 가점제로 바뀌면서 당첨이 더욱 어려워졌습니다. 우스갯소리로 아이가 넷은 있어야 당첨 안정권이라고들 하죠.

여기에 주택담보대출(LTV) 비율은 더욱 줄어들었고, 서울에서 15억 원 넘는 아파트는 대출이 아예 불가능해졌습니다. 그렇다고 15억 원 이하 아파트라 해서 쉽게 대출을 받을 수 있는 것은 아니죠. 그야말로 고소득 전문직이거나 '금수저'가 아니면 서울 신축 아파트는 오르지 못할 나무가 되어버렸습니다.

서울에서 내 아파트 갖기, 불가능한 꿈이 아니다

그렇다면 '서울에서 내 아파트 갖기'라는 꿈을 이대로 포기해야 할까요? 절대 그렇지 않습니다. 서울 곳곳에는 보석 같은 구축 아파트가 여전히 많거든요. 대부분은 건축된 지 다소 오래된 것들이긴 하지만, 그렇다 해도 대도시 서울에 위치한 아파트가 지니는 가치와 희소성은 앞으로도 충분히 유지될 것으로 생각합니다.

이 책은 서울 25개 구 전역에서 두 가지 기준을 기준으로 실수요와 투자 모두를 만족시킬 알짜배기 구축 아파트 272곳을 선별해 담았습니다. 아파트를 살 때 향후 가격이 떨어져도 상관없다고 생각하는 사람은 없을 것입니다. 힘들게 매수한 아파트의 가치가 상승하길 바라는 것은 결코 욕심이 아닙니다. 또 대부분의 사람들은 지금 이 순간 쾌적하고 편리하게 거주할 수 있는 아파트도 원합니다. 결국 아파트를 매수할 때 '투자'와 '실수요' 두 가지 측면을 모두 생각할 수밖에 없는 거죠.

이런 관점에서 아파트를 선택할 때 살펴야 하는 다양한 요소가 있습니다. 학군, 교통, 생활환경, 자연환경 등이죠. 이 모든 것을 충족할 만한 아파트는 생각보다 많지 않습니다. 입이 벌어질 정도로 비싸기도 하고요. 그렇다면 한정된 예산 안에서 어느 쪽에 방점을 두어야 할까요?

제가 생각하는 첫 번째 기준은 입지, 그중에서도 특히 '직주근접'입니다. 가족 중 누구든 돈을 벌기 위해 일을 해야 합니다. 그런 만큼 누가 뭐래도 교통 여건, 특히 지하철의 중요성을 빼놓을 수 없겠죠. 집에서 지하철역까지의 거리가 가장 중요합니다. 서울에서 일자리가 많은 곳은 강남역에서 삼성역 구간입니다. 그다음으로 광화문에서 종로 일대고요. 여기에 금융회사가 몰려 있는 여의도와 가산디지털, 마곡 지구, 상암동 등이 일자리가 많은 지역에 속합니다.

그중에서도 제일 중요한 지역은 강남 일대입니다. 우리나라에서 잘나가는 대기업이 가장 많이 위치한 동네이기 때문입니다. 누구나 직장에서 가까운 곳에 살고 싶을 것입니다. 출퇴근하는 데 두세 시간씩 걸린다는 것은 상상만 해도 피곤하죠. 그래서 직주근접을 비롯해 여러 요소를 만족시키는 강남의 주택 가격이 가장 비싸며, 강남에서 멀어질수록 저렴해집니다. 강남에 30분 안으로 도착할 수 있는 지하철역이 위치한 곳이라면 대체로 주택 가격이 비싸죠. 소요 시간이 1시간 이내면서 갈아타지 않고 지하철로 한 번에 올 수 있는 곳도 좋습니다. 이마저도 힘들면 갈아타더라도 1시간 이내 거리면 좋고요.

이런 관점에서 본다면 지하철 2·7·9호선이 '황금 노선'이라 할수 있습니다. 따라서 강남까지 한 번에 올 수 있는 이 세 노선 근처에 있는 아파트는 상대적으로 가격이 비싼 편입니다. 여기에 교대역까지 갈 수 있는 3호선도 서울 시내에 지하철역이 있는 곳이면해당됩니다. 서울역에서 동대문 구간이 포함된 4호선, 그리고 광화문과 여의도가 포함된 5호선은 다음으로 중요한 노선입니다. 그외 노선은 서울 기준 직주근접 관점에서는 상대적으로 비중이 낮습니다. 결국 지하철 노선이 중요한 입지 기준이 될 수 있겠죠.

두 번째 기준은 '세대수'입니다. 외국의 아파트는 대부분 단지형이 아닌 한 동짜리가 많습니다. 반면 한국은 수천 세대가 사는대단지 아파트가 많죠. 아파트 자체가 하나의 도시라 해도 무방할정도입니다. 세대수가 많을수록 아파트 거주 환경이나 시설이 잘되어 있을 가능성이 높은데, 제가 볼 때 서울에서 500세대 이상인아파트가 생각보다 많지는 않습니다. 500세대 정도면 4인 가족 기준으로 2,000명이 살고 있으므로, 단지로서 기능을 충분히 한다고볼 수 있습니다. 해당 동네에서는 중요한 입지에 위치했다고 볼 수있죠.

따라서 이 책에서는 서울 25개 구를 5개 권역으로 나누고, '직주근접'과 '500세대 이상' 조건에 부합하는 아파트를 살펴볼 예정입니다. 또 세대수가 500세대보다 약간 적어도 중요하다고 생각되는 아파트면 포함했습니다. 이 두 가지 조건에 부합하는 아파트272개 단지를 중요도에 따라 비중을 달리해가며 다룰 것입니다.

한 가지 덧붙이자면, 이 책에서 소개한 아파트는 제 기준에 따른 선별일 뿐입니다. 해당 아파트가 좋다, 혹은 나쁘다 하는 관점에서 볼 필요가 없다는 점을 강조합니다.

아울러 투자 관점에서 최근의 가격 상승을 살펴보려고 합니다. 저는 부동산 가격이 오를 때는 지역을 가리지 않고 오른다고 보는 입장입니다. 강남이 먼저 상승하고 점차 그 주변으로 퍼지면서 상승하죠. 500세대 이상 단지의 경우, 시차가 존재할 뿐 사놓고 기다린다면 지역에 상관없이 오를 가능성이 무척 큽니다.

이런 관점에서 이 책에 2018년 여름을 기준으로 2020년 1월 가격과 비교해 분석했습니다. 2018년 여름, 뜨거운 햇살만큼이나 당시 서울 중심지가 아닌 동네까지도 열기가 대단했거든요. 지금까지 말씀드린 사실을 유념하며 책을 읽으시면, 여러분의 서울 아파트 갖기 프로젝트에 도움이 되지 않을까 합니다.

그럼 지금부터 저와 함께 부담 없는 아파트 산책을 시작해보실까요?

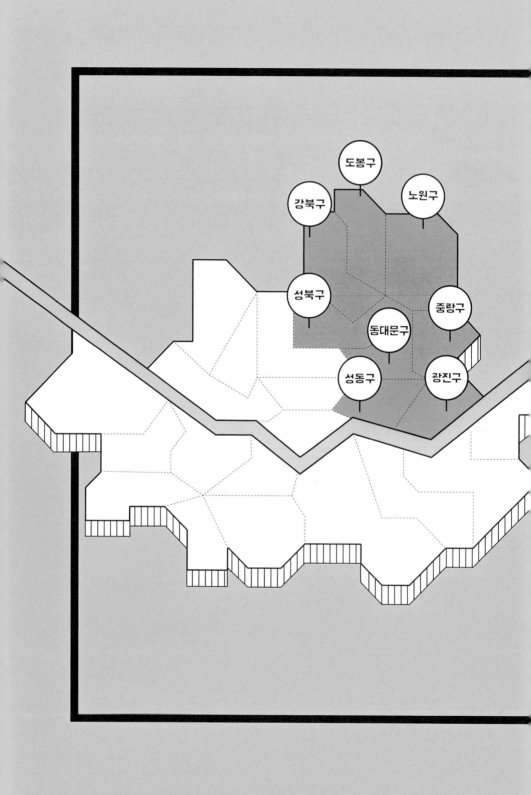

동북권

도봉구

인구	33.3만 명
아파트 물량	114개 단지 / 6만 1,186세대
평균 평당 가격	1,503만 원
지하철 노선	1·4·7호선
주요 생활환경	도봉산, 북한산
특징	창동역사 개발 호재

도봉구는 1973년 성북구에서 분구되었습니다. 이후 노원구와 강북구를 배출한 나름 큰형님이었죠. 최근에는 JTBC 드라마 〈힘쎈여자 도봉순〉의 배경으로 살짝 알려졌는데, 그보다는 히트 드라마인 tvN의 〈응답하라 1988〉에서 쌍문동을 배경으로 삼으며 꽤 유명해졌습니다. 지도로 도봉구를 보면 반을 산이 차지하고 있습니다. 북한산과 도봉산이 위치해 주말이면 도봉산역에 미어터질 정도로 많은 사람들이 몰리죠. 자연환경이 어우러진 곳이라고 할 수 있습니다.

도봉구에서 가장 주목받는 것은 창동역사 개발입니다. 창동역에는 현재 플랫폼 61이라는 문화 시설이 있습니다. 여기에 콘서트 전문 공연장인 서울아레나가 들어설 예정입니다. 그 외에도 창동

차량 기지와 도봉운전면허시험장을 이전하며 개발을 추진하고 있습니다.

도봉구의 인구는 2020년 기준으로 33.3만 명 정도이고, 지하철은 1·4·7호선이 지나갑니다. 이 중 핵심 노선은 7호선인데, 도봉산역밖에 오지 않습니다.

도봉구는 도봉동, 방학동, 쌍문동, 창동으로 나눠져 있으며, 2018년 기준으로 114개 아파트 단지에 6만 1,186세대가 살고 있습니다. 아파트에 사는 세대수로 보면 서울에서 9위에 속할 정도로 아파트가 적은 편은 아니죠. 평균 평당 가격을 보면 1,503만 원으로 서울에서 25위입니다.

동별로는 창동이 제일 높은 평당 1,721만 원이고, 다음으로 방학동이 1,353만 원, 쌍문동이 1,344만 원, 도봉동이 1,323만 원입니다. 창동이 도봉구 평당 가격을 홀로 끌고 가고 있다고 봐도 될 듯합니다. 도봉구에서 평당 가격이 제일 비싼 아파트는 창동에 있는 쌍용으로, 평균 평당 2,510만 원입니다.

세대수가 500세대 이상인 아파트만 선정한다고 한 말 기억하시죠? 그런 관점에서 거른 아파트만 놓고 본다면 도봉동에 6개 단지, 방학동에 8개 단지, 쌍문동에 12개 단지, 창동에 19개 단지가 있습니다. 그렇다면 당연히 창동부터 살펴야 합니다. 도봉구에서 평당 가격이 제일 비싼 동과 비싼 아파트가 창동에 있기도 하고, 실제로 아파트가 많아야 사람들의 주목을 받으며 서로 시너지 효과를 낼 수 있으니 말이죠.

도봉구의 대표 주자 창동

　창동은 대다수가 산에 인접한 도봉구에서도 대부분 평지에 주거 시설이 밀집되어 있습니다. 사람들은 아무래도 브랜드 아파트를 선호합니다. 창동에는 창동삼성래미안이 있습니다. 브랜드 아파트 선호도가 높다는 것을 생각하면 이곳이 가장 비싸야 할 듯한데, 그렇지는 않습니다. 1·4호선이 교차하는 더블 역세권인 창동역과도 가까운 창동삼성래미안은 평당 2,200만 원대로, 창동에서는 두 번째로 높은 가격에 해당합니다.

　여기서 잠깐, 평당 가격으로 살펴볼 때 조심해야 할 점이 있습니다. 대체로 18평형 아파트와 33평형 아파트를 비교할 때 평당 가격을 따져보면 18평형 아파트가 더 높게 나오는 경우가 있습니다. 하지만 그렇다고 18평형 아파트가 33평형 아파트보다 비싼 것은 아니죠. 그 점을 인지하지 못하고 착각하는 경우가 많습니다.

　창동삼성래미안은 중·소형 면적으로 구성되었는데, 치명적인 약점이 있습니다. 바로 단지 옆을 지나가는 1호선이 지상철이라는 겁니다. 새벽부터 정기적으로 열차 지나가는 소리가 들릴 수밖에 없죠. 그런 점이 래미안이라는 으뜸 브랜드 아파트임에도 상대적으로 가격이 높지 않은 이유인 듯합니다.

　그럼 창동삼성래미안을 제친 강자는 누구일까요? 바로 동아청솔과 북한산아이파크입니다. 창동에서는 이 두 아파트가 맞수입니다. 동아청솔에 비해 북한산아이파크가 좀 더 대형 면적 위

동아청솔

주면서 새 아파트입니다. 동아청솔이 1997년, 북한산아이파크가 2004년에 입주했습니다. 1호선을 중심으로 좌우에 위치하죠.

동아청솔은 평지에, 북한산아이파크는 좀 더 고지대의 경사 있는 곳에 자리합니다. 여기에 동아청솔은 초품아, 즉 '초등학교를 품은 아파트'입니다. 단지 바로 옆에 자운초등학교가 있거든요. 또 길 건너에는 자운고등학교가, 그 옆으로 창동문화체육센터가 있습니다. 테니스, 배드민턴 연습장을 비롯해 축구장까지 갖춘 상

당히 큰 체육 센터입니다. 나이가 들수록 이런 시설에 대한 선호도
가 높아집니다. 건강을 신경 쓰는 나이가 되었을 때 바로 옆에 문
화 체육 시설이 있다는 것은 엄청난 메리트죠.

맞수답게 북한산아이파크와 동아청솔은 서로 가격이 엎치락
뒤치락하면서 동반 상승합니다. 한 놈이 치고 올라가면 다른 놈이
금방 추격합니다. 추격에 그치는 것이 아니라 뛰어넘기도 하고요.
그러니 평소 눈여겨보았다가 둘 중 하나가 변화를 보일 때 다른 것
을 주시하는 것이 좋을 듯합니다. 이때 동아청솔 바로 위에 있는
1997년 입주한 창동쌍용도 함께 살피는 게 좋습니다. 동아청솔과
대부분의 기반 시설을 함께 이용하는 아파트이기 때문이지요.

2018년 여름 기준 동아청솔 84m²가 평균 5.8억 원, 북한산아이
파크 84m²가 평균 5.8억 원, 창동쌍용 84m²가 평균 5.6억 원이었습
니다. 2020년 1월에 동아청솔은 평균 7.6억 원, 북한산아이파크는
평균 7.4억 원, 창동쌍
용은 평균 7.3억이었
습니다. 세 단지를 다
합치면 무려 5,394세
대나 됩니다. 창동에
서는 항상 주시할 만
한 아파트들입니다.

북한산아이파크

역세권에서 다소 비껴난 쌍문동

쌍문동에서 유일한 지하철역은 4호선 쌍문역입니다. 쌍문동 아파트 대부분이 역에서 다소 멉니다. 버스나 마을버스를 이용해 역으로 가야 하는데, 이 점은 다소 치명적입니다. 어쩌다 친구네 집에 놀러 가는 것은 상관없지만, 아침저녁 출퇴근할 때 지하철에서 내려 다시 마을버스를 타고 이동하려면 상당히 고될 겁니다. 이런 이유로 쌍문동 아파트 가격이 낮은 것이 아닐까 합니다.

쌍문역에서 가장 가까운 아파트로는 쌍문삼성래미안과 쌍문한양1차가 있습니다. 둘은 평형대가 조금 달라 단순 비교는 힘들지만 쌍문한양1차가 조금 더 비쌉니다. 두 아파트 바로 옆에 한일병원이 있는데, 한양아파트가 쌍문역에 좀 더 가깝긴 합니다. 누군가는 억지라고 할 수도 있겠지만, 저는 그 미세한 차이가 아파트 가격에 반영된다고 봅니다.

쌍문삼성래미안은 2002년에 입주했습니다. 2018년 여름 평균 4.5억 원이었던 84m²가 2020년 1월에는 평균 5.35억 원이 되었습

쌍문삼성래미안

쌍문한양1차

니다. 1986년에 건축한 쌍문한양1차는 2018년 여름 79m²가 평균 4.5억 원이었는데, 2020년 1월에 평균 5.2억 원이 되었습니다. 전용면적을 볼 때 두 단지의 가격이 함께 움직인다고 봐야겠죠.

쌍문동 아파트는 대부분 쌍문근린공원 위쪽에 밀집되어 있습니다. 여러 아파트가 밀집되어 있으니 아이들 키우기도 좋고 안전할 듯합니다. 2010년대 상승장에서 이곳 아파트들도 전부 가격이 상승했습니다. 투자 관점에서 볼 때 그렇다는 겁니다. 그런 면에서 아파트를 살펴본다는 점을 다시 한번 알려드립니다.

도봉구청이 위치한 방학동

방학동은 좌우로 길게 펼쳐져 있으며 도봉산을 끼고 있습니다. 1호선 방학역이 지나고 도봉구청이 위치한 동네이기도 하죠. 어느 지역이든 관공서가 있는 곳은 항상 눈여겨봐야 합니다. 만

약 여러분이 공무원이라면 대중교통이나 지하철역을 어디에 만들고 싶겠습니까? 일단 구청이나 시청 근처로 정하지 않을까요? 출퇴근하기에 편하면서 민원인이 오가기 수월하다는 당위성도 있고 말이죠. 거기에 민원인이 항상 왕래하니 해당 지역은 어느 정도 상권이 유지될 뿐만 아니라 직주근접 요소도 만족합니다.

이렇게 볼 때 방학삼성래미안과 대상타운현대는 방학동에서 맞수라 할 수 있습니다. 2001년에 입주한 대상타운현대는 평당 1,900만 원입니다. 2002년에 입주한 방학삼성래미안은 평당 1,800만 원이며, 좀 더 대형 평수 위주로 구성되어 있습니다. 대상타운현대 아래로는 창도초등학교, 창동중학교, 서울문화고등학교가 있습니다. 길을 건너야 하지만, 실제로는 차가 거의 다니지 않습니다. 학교와의 거리를 생각하면 대상타운현대가 좀 더 비쌀 것 같지만, 같은 면적을 놓고 보면 방학삼성래미안이 좀 더 비쌉니다. 도

대상타운현대   방학삼성래미안

봉구청과 큰 시장은 물론이고 방학역이 좀 더 가까운 게 이유가 아닐까 합니다.

　대상타운현대는 84m²가 2018년 여름 평균 5.4억 원, 2020년 1월 평균 6.8억 원이었습니다. 방학삼성래미안 84m²는 2018년 여름 평균 5.9억 원에서 2020년 1월에 평균 7억 원이 되었습니다. 앞으로도 두 아파트의 가격 차가 계속 이어지면서 상승과 하락을 반복하지 않을까 싶습니다.

　방학동 아파트는 대부분 쌍문동에서 언급한 아파트 밀집 지역 바로 위에 위치합니다. 바로 위에 도봉산이, 바로 옆에 공원이 있다는 것은 장점이지만, 역시 교통이 불편합니다. 이런 점이 상대적으로 아파트 가격에 반영되어 서울 내 타 지역에 비해 저렴한 것이 아닐까 합니다. 교통의 중요성은 두말할 필요가 없으니까요.

7호선보다 1호선 수요가 더 많은 도봉동

도봉동은 도봉구에서 핵심일 듯한데, 지역 대다수를 도봉산이 차지하고 있습니다. 또 서울북부지방법원이 위치하며 도봉구에서 유일하게 7호선 도봉산역이 있습니다. 도봉산역 근처 아파트는 도봉한신뿐입니다. 사실 도봉산역은 직주근접 역할보다는 등산객을 위한 역이 아닌가 합니다. 역 바로 옆에는 수목원인 서울창포원이 있죠.

7호선을 생각하면 도봉한신이 제일 비쌀 듯하지만, 오히려 1호선 도봉역 바로 옆에 있는 도봉래미안이 더 비쌉니다. 1995년 건축한 한신과 2005년 건축한 래미안이라는 차이가 있겠죠. 도봉산역에서 강남으로 가는 논현역까지 가려면 근 1시간이 걸린다는 점도 7호선의 장점을 희석시킨 듯합니다. 오히려 1호선을 타고 종각역 등으로 가는 출퇴근 인구가 더 많은 것도 영향을 미치지 않았나

도봉한신

도봉래미안

싫네요.

도봉한신 84m²는 2018년 여름 평균 3.6억 원, 2020년 1월 평균 4.4억 원이었습니다. 도봉래미안 84m²는 2018년 여름에 평균 4.5억 원이었던 것이 2020년 1월에 평균 5.5억 원이 되었고요.

도봉래미안에서 도봉교를 넘어가면 2003년에 입주한 동아에코빌이 있습니다. 526세대가 살고 있고 1호선 도봉역 근처에 있습니다. 2020년 1월 기준 84m²가 평균 4.85억 원입니다. 1호선을 타고 광화문 쪽으로 가시는 분들의 수요 덕분으로 보입니다.

도봉구, 상승 동력은 약하지만 나쁘진 않다

도봉구는 현재 인구가 줄고 있습니다. 여기에 세대당 노인 인구 비율도 높죠. 녹지 비율이 높다는 특성도 있습니다. 1인당 공원 면적이 서울시 평균 1.31인 반면 도봉구는 13.34이며, 도서관 비율은 서울시 1인당 평균인 0.93곳에 비해 1.09곳으로 다소 높습니다. 교통이 불편하다는 점을 제외하면 생활환경이 쾌적하다고 볼 수 있죠. 도봉구에 가보면 시끌벅적한 느낌이 드는 곳은 드뭅니다. 창동역사도 아직은 그다지 활기가 넘친다고 할 수 없고요. 오히려 쌍문역 주변이 상권은 더 발달했습니다.

도봉구에 여러 번 가봤는데, 이상하게 친근감이 듭니다. 정이 넘치는 예전 풍경을 아직도 간직하고 있다고 할까요. 아파트가 많은 구 중 하나이기도 하지만, 의외로 아주 오래된 건물이나 주택은 드뭅니다. 그런 이유로 재개발 같은 계획이 잡혀 있지 않습니다. 이런 점들이 역설적으로 이 지역의 아파트 가격 상승을 주도하지 못한다고 할 수 있습니다. 아파트 가격 상승을 주도하는 것은 2010년대에 건축된 신축입니다. 도봉구는 이런 신축 아파트가 부족해 다른 구에 비해 가격 상승 속도가 더딥니다. 가격 상승 동력이 다소 약하다고 할 수 있죠.

그렇다고 도봉구 아파트 가격이 오르지 않았다는 말은 아닙니다. 동아청솔 84.97㎡는 국토교통부 아파트 실거래가에 의하면 2016년에 약 4.2억 원이었습니다. 2019년 3월에는 6.8억 원에 거래되었고요. 3년 정도 기간에 2억 원이 상승한 겁니다. 다른 지역에 비해 좀 약하다 할 수 있어도, 2016년에 전세 가격은 3.2억 원으로 매매 가격과 전세 가격의 차이가 1억 원이었습니다. 1억 원을 투자해 2억 원을 번 셈이죠.

이 정도면 투자처로 훌륭하다 생각합니다. 참고로 2018년 1분기에 이 지역 아파트들을 5억 원대 초반에 매수할 수 있었습니다. 괜찮지 않나요? 저는 이 정도면 아주 좋다고 봅니다. 여러분도 도봉구에서 기회를 찾아보시는 것은 어떨까요?

강북구

인구	31.4만 명
아파트 물량	49개 단지 / 2만 4,035세대
평균 평당 가격	1,633만 원
지하철 노선	4호선, 우이신설선
주요 생활환경	북서울꿈의숲
특징	서울 아파트 시장 상승세에 따른 동반 상승

숲세권이 가까운 강북구

흔히 강북과 강남이라는 말을 자주 합니다. 그만큼 강북구는 역사와 전통이 깊다고 생각하는 경우가 많습니다. 그런데 사실 강북구는 서울에서 가장 늦게 생긴 구입니다. 도봉구에서 1995년 분구했거든요. 재미있게도 구 이름에 '강'이 들어갔지만 알고 보면 한강과 전혀 상관없는 위치에 있습니다. 이름에 강이 들어간 대부분의 구가 한강을 접하고 있는 것과 다르게 말이죠. 도봉구에서 분구되면서 이름을 정할 때 강서·강동·강남이 있으니 '북'이 들어간 구도 있어야 하지 않겠냐며 최종적으로 강북구로 정했다는 이야기가 있습니다.

강북구에서 제일 유명한 지명은 미아리고개입니다. 일제강점기에 미아리에 공동묘지가 생겼습니다. 그리고 한국전쟁 당시에는 수많은 사람들이 인민군이 후퇴할 때 미아리고개를 넘어가 다시는 돌아오지 못했다고 하지요. 이 사연을 담은 노래 〈단장의 미아리고개〉가 대중에게 큰 사랑을 받으면서 미아리고개가 유명해졌습니다. 미아리고개는 항상 차량이 많아 교통방송에도 자주 언급되는 곳이죠. 한편 예전의 드림랜드가 2009년 북서울꿈의숲으로 조성되었습니다. 또 4·19 민주 묘지도 있습니다.

2020년 기준으로 강북구 인구는 약 31.4만 명입니다. 현재 이곳에는 아쉽게도 지하철 4호선만 있습니다. 대중교통을 고려하면 아주 치명적인 약점이라고 해야겠죠. 그나마 우이신설선이 있지만, 중심지로 가는 노선이 아니라 대중교통으로서 영향력은 아주 미미합니다. 강북구는 우이동, 수유동, 번동, 미아동으로 이루어져 있습니다.

강북구에는 2018년 기준으로 49개 단지 아파트에 2만 4,035세대가 살고 있습니다. 서울에서 세대수 순위로 23위를 기록할 정도로 아파트가 적습니다. 평균 평당 가격은 1,663만 원으로 서울에서 21위입니다. 가격이 제일 높은 미아동이 평당 1,939만 원이고, 다음으로 번동이 평당 1,401만 원, 우이동이 평당 1,354만 원, 수유동이 평당 1,305만 원입니다. 미아동이 거의 압도적으로 평당 가격이 높습니다. 미아동 송천센트레빌은 최고 평당 가격 3,020만 원으로 강북구에서 가장 비싼 아파트지만, 376세대밖에 되지 않습니다.

강북구 아파트의 중심은 아무래도 미아동입니다. 미아동은 500세대가 넘는 아파트가 제일 많은 곳으로, 9개 단지가 있습니다.

다음은 수유동으로 3개 단지가 있습니다. 끝으로 번동은 2개 단지가 있습니다. 수유동에는 500세대 넘는 아파트가 없습니다. 따라서 강북구에서는 미아동만 살펴보겠습니다.

강북구의 중심 미아동

2010년대에 건축된 아파트를 상품성이 뛰어난 신축이라고 볼 때, 미아동에는 4개 단지가 있습니다. 또 2000년대에 지은 아파트도 5개 단지라 상대적으로 오래된 아파트가 없는 편이죠. 미아동을 지나가는 지하철은 4호선과 우이신설선입니다. 하지만 4호선이 지나가는 곳에는 일자리가 많은 지역이 딱히 없습니다. 우이신설선은 비중으로 보더라도 크지 않고요. 그나마 강남 쪽으로 갈 수 있는 사당역에서 환승할 수 있긴 합니다.

꿈의숲롯데캐슬

게다가 미아사거리역 근처에 아파트가 있는 것도 아닙니다. 미아동에 있는 아파트 대부분이 지하철역까지 버스나 마을버스를 타고 이동해야 하는 거리에 위치하죠. 이처럼 교통 면에서는 다소 아쉬움이 있습니다.

강북구의 중심 상업지는 미아사거리 일대입니다. 미아사거리역 부근에는 롯데백화점이 있습니다. 여기서 미아사거리 방향으로 조금만 내려가면 이마트도 있고요. 미아사거리역에서 가장 가까운 아파트는 미아동부센트레빌입니다. 480세대로 기준인 500세대보다는 약간 작지만, 역에서 워낙 가까운 곳이라 살펴보려고 합니다.

이 아파트 가격은 84m²가 2018년 여름 5.6억 원이었는데, 2020년 1월 7.3억 원으로 무려 1.7억 원이나 상승했습니다. 2018년 여름 당시에 갭이 1.5억 원이었으니 투자금 이상으로 상승했네요. 2006년에 건축했으니 신축 효과보다는 역세권 효과가 크다고 봐야겠죠.

미아동에서 가장 신축 아파트는 2017년 2월에 입주한 꿈의숲롯데캐슬입니다. 615세대가 거주하는데, 바로 옆에 북서울꿈의숲이 있어 산책하기도 좋고, 주말이면 각종 문화 행사를 즐길 수 있습니다. 2018년 여름에 84.98m²가 약 6.4억 원이었는데, 2010년 5월에 입주한 삼성래미안트리베라2차는 6.1억 원으로 별 차이가 없었습니다. 더구나 삼성래미안트리베라2차는 경사진 곳에 있었는데도 말이죠.

2020년 1월 기준으로 꿈의숲롯데캐슬은 평균 8.9억 원이 되었고, 삼성래미안트리베라2차는 평균 8억 원이 되었습니다. 흥미롭게도 2018년에 이 두 아파트의 매매 가격과 전세 가격 차이는 각각 약 1.4억 원과 1.8억 원이었습니다. 새 아파트라 비쌀 것이라고 지레 겁먹고 꿈의숲롯데캐슬을 살펴보지 않았다면 억울했을 겁니다. 꿈의숲롯데캐슬이 갭은 더 적으면서도 가격 상승 폭은 더 컸으니 말이죠.

이런 관점에서 아파트에 투자할 때는 반드시 좀 더 넓게 살펴봐야 합니다. 자산을 갖고 특정 지역의 특정 아파트만 보고 결정하는 경우가 많습니다. 1.8억 원을 보유한 상태에서 물건을 볼 때 삼

미아동부센트레빌

삼성래미안트리베라2차

성래미안트리베라2차 가격이 6.1억 원이라는 것만 보고 구입했다면, 같은 구에서 신축인 꿈의숲롯데캐슬에는 미처 관심도 갖지 않고 스스로 기회를 차버린 것이나 마찬가지입니다. 그러니 투자를 할 때는 아파트 하나만 보지 말고 좀 더 넓은 관점에서 물건을 확인해야 합니다.

대부분의 미아동 아파트는 경사 맨 꼭대기에 자리 잡고 있습니다. 그런데도 세대수는 많죠. SK북한산시티 같은 경우 무려 3,830세대나 되어 이 정도면 매머드급이라 할 수 있습니다. 이보다 더 고지대에 있는 벽산라이브파크는 1,585세대입니다. 이곳에서 출퇴근하려면 버스를 이용해야 합니다. 직접 걸으려면 등산까지는 아니더라도 마음먹고 운동한다고 생각하셔야 합니다. 꽤 땀이 많이 나는 경험을 하게 되거든요.

참고로 SK북한산시티 84.76m²는 2018년 여름 기준 평균 4.4억 원에서 2020년 1월에 평균 5.6억 원으로 상승했습니다. 서울에서 이 정도 면적이 4.4억 원이라면 상대적으로 저렴한 편이었죠. 거기에 매매 가격과 전세 가격 차이는 1.1억 원이었고요. 1.1억 원을 투자해서 1.2억 원 수익을 냈으니 수익률이 무척 괜찮은 편입니다. 교통 면에서 조금 아쉬운 점은 있지만, 워낙 대단지라 단지 자체가 거의 도시나 다름없을 정도라는 점을 참고하시기 바랍니다.

성북구

인구	44.2만 명
아파트 물량	109개 단지 / 6만 1,488세대
평균 평당 가격	2,011만 원
지하철 노선	1·4·6호선, 우이신설선
주요 생활환경	대학가 밀집
특징	길음뉴타운 대단지

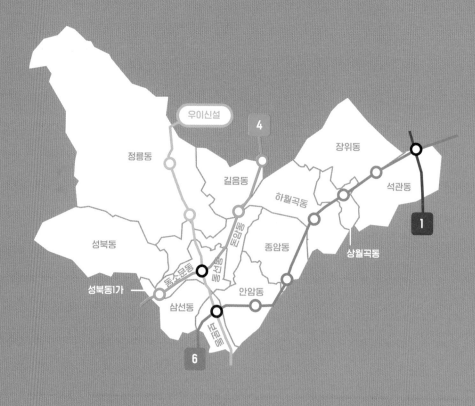

'성북'이란 한양도성의 북쪽에 있는 지역이라는 의미입니다. 과거에는 경기도 고양시 일부 지역이 포함되기도 했죠. 그러다가 1943년, 동대문구에서 분리되어 서울에서 아홉 번째 구가 되었습니다. 나중에 도봉구, 강북구, 노원구 등이 성북구에서 분할되었으니 강북에서는 성북구가 나름 터줏대감이라 할 수 있습니다.

　성북구에서는 성북동이 부촌으로 유명합니다. 꽤 높은 곳에 위치해 외부와 접촉을 막을 수 있는 지형 덕분에 단독주택 위주로 구성되었죠. 이곳에는 무려 37개국의 대사관저가 있기도 합니다. 동시에 아직까지 달동네도 있어 빈부 격차가 큰 동네 가운데 하나입니다.

　성북구에는 대학교가 많습니다. 고려대학교를 필두로 국민대학교, 동덕여자대학교, 성신여자대학교, 서경대학교, 한국예술종합학교, 한성대학교 등이 있습니다. 대부분의 대학교는 상권을 자체적으로 형성하며 발달합니다. 그런 면에서 성북구에는 곳곳에 대학교와 연결된 상권이 꽤 있습니다. 대학교 상권이 예전만큼 못하다 해도, 몇천 명이나 되는 학생들이 매일 왕래하니 그 자체로 큰 발전 기회를 얻을 수 있지 않을까 합니다. 젊은이들의 트렌드를 잘 파악해 건물 가치를 올린 연예인의 사례도 있었고요.

한편 가장 대표적인 뉴타운 성공 사례인 길음뉴타운과 현재 추진 중인 장위뉴타운이 있는 곳이 바로 성북구입니다. 워낙 좁은 길이 많아 대중교통 중에서도 마을버스가 발달했습니다. 이곳을 지나가는 지하철은 4호선과 6호선, 그리고 우이신설선입니다. 대학교가 많다 보니 유독 성북구를 통과하는 지하철은 성신여대입구역, 한성대입구역, 고려대역 등으로 학교 이름을 이용한 역이 많습니다. 직주근접 관점에서 볼 때는 도심으로 곧장 가는 노선이 없다는 점이 아쉽습니다.

성북구에는 2019년 기준 약 44.2만 명이 살고 있습니다. 2018년 기준으로 109개 단지에 6만 1,488세대가 거주하고 있지요. 성북구 아파트의 평균 평당 가격은 2,011만 원으로 서울에서 17위를 기록하고 있습니다. 길음동이 가장 높은 평당 2,599만 원이고 보문동 2,448만 원, 장위동 2,390만 원, 삼선동 2,310만 원, 종암동 2,233만 원, 안암동 2,203만 원 순으로 평당 2,000만 원이 넘는 지역입니다. 길음동 래미안길음센터피스는 최고 평당 가격 3,810만 원으로, 신축의 위용을 보여줍니다.

성북구에서 500세대가 넘는 아파트는 정릉동 11개 단지, 길음동 10개 단지, 돈암동 9개 단지, 하월곡동 5개 단지, 삼선동 4개 단지, 보문동 3개 단지 등 총 49개 단지가 있습니다. 정릉동에 가장 많은 단지가 있지만, 역시 성북구에서는 길음동이 중심이라고 할 수 있어요. 성공적인 뉴타운 지역답게 대부분의 아파트가 2000년대 중반부터 입주했기 때문입니다.

젊은 아파트가 많은 길음동

길음동에는 500세대 이상 아파트가 대부분 2000년~2010년대에 건축되어 상대적으로 신축 아파트가 많은 편입니다. 돈암삼부(삼부컨비니언)가 유일하게 1990년대에 건축된 아파트인데, 조금 오래되긴 했어도 완벽한 초역세권입니다. 길음역에서 나오자마자 위치했으니까요.

가격을 살펴볼까요? 2018년 여름에 84m²가 평균 4.25억 원이었는데, 2020년 1월에 평균 6.2억 원으로 거의 2억 원 상승했습니다. 2018년 당시 전세 가격과 매매 가격의 차이는 1.25억 원이었습니다. 놀랍죠? 이 정도면 신축 부럽지 않은 가격 상승률입니다.

길음역에서 북쪽으로는 경사가 꽤 심합니다. 길음뉴타운은 이 일대에 있던 빌라들을 헐고 건축한 아파트 단지이기 때문에, 도로

를 따라 위로 갈수록 점점 길이 가파릅니다. 재미있게도 이곳 주민들은 단지 정문으로 다니지 않습니다. 걷다 보면 사람들이 지하 주차장으로 드나드는 것을 볼 수 있습니다. 도로에 경사가 있다 보니 지하 주차장이 실제로는 1층 역할을 하는 거죠. 그러다 보니 대부분 지하 주차장까지 엘리베이터를 타고 내려와 이동합니다.

여기서는 길음뉴타운래미안6단지가 역에서 제일 가깝고 평지라고 할 수 있습니다. 2018년 여름에는 6단지와 8·9단지의 84㎡ 가격이 평균 7.6억 원으로 같았습니다. 8·9단지는 2010년에, 6단지는 2006년에 입주했는데도 말이죠. 이런 이유로 전세 가격은 6단지가 제일 저렴했습니다. 2020년 1월 기준으로 매매 가격은 6단지가 평균 9.1억 원, 8단지가 평균 9.5억 원, 9단지가 평균 9억 원 정도입니다. 같은 가격에서 출발했는데 이렇게 차이가 난다는 사실이 신기합니다.

만약 2018년 여름으로 돌아간다면, 3개 단지 중 하나를 선택하기가 무척 힘들 겁니다. 3개 단지의 매매 가격이 전부 비슷하니 말이죠. 이럴 때는 좀 더 과거로 거슬러 가보면 됩니다. 2015년으로

길음뉴타운래미안6단지

가서 가격을 비교하는 거죠. 2015년 1월에는 6단지가 5.47억 원, 8단지가 5.87억 원, 9단지가 5.25억 원이었습니다. 이를 통해 2018년 여름에 가격이 일시적으로 서로 비슷해졌을 뿐, 원래 3개 단지 중 8단지가 제일 비쌌다는 것을 확인할 수 있습니다. 대체로 이런 차이는 시간이 지나도 변함없이 유지된다는 것을 기억하세요.

길음역의 영향을 받는 정릉동

다음으로 500세대 이상 아파트가 많은 곳이 정릉동입니다. 지도를 보면 정릉동에서 유일한 지하철역은 길음동과 마찬가지로 길음역입니다. 길음역에서 제일 가까운 아파트는 정릉e편한세상2차입니다. 예상하신 대로 정릉동에서 제일 비싼 아파트지요. 2020년

정릉힐스테이트3차

1월 매매 가격은 평균 7억 원 정도인데, 2018년 여름에는 평균 5.7억 원이었고, 갭은 약 1.35억 원이었습니다.

그다음으로 비싼 아파트는 정릉e편한세상1차와 정릉힐스테이트3차를 들 수 있습니다. 2018년 여름에 정릉e편한세상1차 84m²가 5.2억 원, 정릉힐스테이트3차 84m²가 5억 원이었습니다. 2020년 1월에는 각각 5.8억 원과 6.4억 원이 되었죠.

이 두 아파트는 도로를 사이에 두고 마주 보고 있습니다. 정릉e편한세상1차는 2006년에, 정릉힐스테이트3차는 2008년에 입주했고요. 연식이 2년밖에 차이 나지 않지만, 그래도 정릉힐스테이트3차가 좀 더 신축이죠. 이런 이유에서 2018년 이전 데이터를 살펴봐도 정릉힐스테이트3차의 매매 가격이 더 높은 것을 알 수 있을 겁니다.

정릉e편한세상1차

역세권이 강세인 돈암동

다음은 돈암동을 살펴보겠습니다. 2016년 12월 입주한 돈암코오롱하늘채가 가장 새 아파트입니다. 2018년 여름에는 84m² 매매 가격이 평균 6.6억 원이었죠.

한편 2014년 11월 입주한 길음역금호어울림센터힐이 있습니다. 길음역금호어울림센터힐은 예상대로 돈암동에서는 길음역에서 가장 가까우면서, 두 번째로 신축인 아파트입니다. 이 아파트 매매 가격은 2018년 여름에 84m²가 평균 6.8억 원으로, 앞서 말한 돈암코오롱하늘채와 큰 차이가 나지 않았습니다.

그러다가 2020년 1월이 되자 돈암코오롱하늘채 84m²는 평균

길음역금호어울림센터힐

8.9억 원, 길음역금호어울림센터힐은 평균 8.4억 원이 되면서, 두 아파트의 차이는 0.2억 원에서 0.5억 원으로 더 벌어졌습니다. 역세권보다는 확실히 신축의 위력이 대단하네요.

4,515세대로 돈암동에서 가장 대단지인 한신·한진은 성신여자대학교에서 가까운 곳에 위치합니다. 경사가 있고 1998년 입주해 약간 연식이 있는 아파트입니다. 가격을 살펴볼까요. 2018년 여름 84m²가 평균 5억 원에서 2020년 1월에 평균 6.2억 원으로 상승했습니다.

이번에는 갭을 따져보겠습니다. 2018년 여름에 돈암동코오롱하늘채가 약 1.4억 원, 길음역금호어울림센터힐이 약 1.5억 원, 한신·한진이 약 1.3억 원이었습니다. 전세 가격과 매매 가격 차이가 별로 없었던 거죠. 지금 시점에서 보면, 가격 상승이나 갭을 고려할 때 여러모로 돈암코오롱하늘채가 가장 현명한 선택이었다는 것을 알 수 있습니다.

여기서 잠깐, 돈암삼성도 살펴볼까요? 길음역에서 가깝고

한신·한진

1999년에 입주한 돈암삼성은 84m²가 같은 기간에 4.6억 원에서 6.5억 원으로 상승했는데, 갭은 0.8억 원이었습니다. 연식이 제일 오래된 돈암삼성이 투자 수익률로는 제일 좋았네요. 한신·한진은 돈암삼성보다 더 대단지였지만 역에서 멀다는 것이 약점이 아닐까 합니다.

돈암코오롱하늘채

경사로가 많은 삼선동

돈암동에서 좀 더 시내 중심지로 가면 대학로 근처 삼선동이 나옵니다. 삼선동에서 살펴볼 만한 아파트는 삼선SK뷰입니다. 4호선 한성대입구 역에서 제일 가깝고 2012년 입주한 곳이죠. 이 지역은 대체로 삼선동에서 시내 중심지로 갈수록 경사가 가파릅니다. 그런 면에서 삼선SK뷰도 평지가 아닌 약간의 경사로에 위치하지만, 그래도 초입이라 상대적으로 평지라고 할 수 있어요. 삼선SK뷰보다 위쪽에 있는 삼선대우푸르지오와 삼선현대힐스테이트는 상당한 급경사 꼭대기에 있거든요.

삼선SK뷰는 2018년 여름에 84m²가 평균 7.5억 원에 갭이 2.2억 원이었는데, 2020년 1월에는 평균 10.5억 원이 되었습니다.

평지에 있으면서 성신여대입구역에서 가깝고 1998년 입주한 코오롱도 있습니다. 2018년 여름에 84m²가 평균 5.25억 원에 갭은 1.35억 원이었는데, 2020년 1월 기준 6.6억 원입니다. 확실히 다소 경사진 곳에 위치해도 훨씬 신축이고, 바로 옆에 삼선초등학교와

삼선SK뷰

경동고등학교가 있다는 점에서 삼선SK뷰의 가격 상승 폭이 크다는 것을 알 수 있습니다.

6호선이 지나가는 보문동

마지막으로 보문동을 살펴보겠습니다. 보문동에서 가장 신축은 보문파크뷰자이입니다. 2017년 1월에 입주했고 1,186세대가 있는데, 아쉽게도 근처에 지하철역이 없습니다. 반면 2003년 입주했고 431세대가 거주하는 보문아이파크는 6호선과 우이신설선이 지나는 보문역 바로 옆에 있고요.

그렇다면 둘 중 어느 아파트가 투자 관점에서 수익률이 더 좋

보문아이파크

았을까요? 보문파크뷰자이 84m²는 2018년 여름에 평균 8.9억 원이었고, 2020년 1월에는 평균 10.5억 원이 되었습니다. 보문아이파크는 같은 기간 같은 면적이 평균 6.5억 원에서 평균 8억 원이 되었죠.

갭은 2018년 여름에 보문파크뷰자이가 3.1억 원, 보문아이파크가 2억 원이었고, 두 아파트의 가격 상승률은 비슷했습니다. 그런 면에서 볼 때 갭이 작았던 보문아이파크의 수익률이 좀 더 좋았다고 할 수 있습니다. 물론 이는 한정된 기간 안에서의 수익률입니다. 보다 장기적인 관점에서 본다면 신축인 보문파크뷰자이가 더 좋겠죠.

성북구 아파트 산책, 어떠셨나요? 길음뉴타운이라는 이름만 들었을 때는 몰랐는데, 막상 살펴보니 성북구도 가격 상승이 만만

보문파크뷰자이

치 않죠. 심지어 매매 가격과 전세 가격의 차이를 고려하면, 길음 뉴타운에 속하지 않은 다른 아파트에 투자했을 때 실질 수익이 더 높았다는 것도 파악할 수 있었습니다. 뉴타운이라는 이름도 중요하지만, 실질 수익률을 잘 따져봐야 한다는 교훈을 얻을 수 있겠습니다.

84가 있는 59를 매수하라

될 수 있으면 59m²보다는 84m²를 매수하는 것을 추천합니다. 첫 번째 이유는 실거주와 연관이 있습니다. 보통 아파트를 매수하는 연령대는 40대입니다. 30대부터 아파트를 매수하기도 하지만, 대체로 더 이상 미루지 않고 큰맘 먹고 매수하는 이들이 바로 40대입니다. 사실 아파트를 매수할 때는 장기 거주에 대해 고민할 수밖에 없습니다. 잠깐 살다 이사하는 것이 아니기 때문입니다. 못해도 10년은 거주할 생각으로 매수하죠. 거기에 40대라면 앞으로 자녀들이 커가는 것을 생각해야 합니다. 중·고등학생 자녀와 함께 살기에 59m²는 다소 작습니다.

두 번째 이유는 향후 아파트를 매도할 때 84m²가 유리하기 때문입니다. 59m²는 임차인이 많이 살지만, 84m²는 소유주가 직접 거주할 가능성이 큽니다. 나중에 매도할 때도 수요층이 훨씬 더 다양하고요. 아파트 거래에서 매수보다는 매도가 훨씬 더 중요하고 어렵습니다. 매수와 달리 매도는 내 마음대로 할 수 있는 것이 아닙니다. 그런데 84m²는 투자자에게도 팔 수 있고, 실거주할 사람에게도 팔 수 있어 유리합니다. 특히 실거주자는 마음에 든다면 가격을 마구 깎으려고 하지도 않죠.

따라서 투자자보다는 실거주할 사람에게 매도하는 것이 좋습니다. 투자자는 투자 관점에서 해당 물건을 보지만, 실거주자는 그보다는 편의성이나 그 동네에서 거주하고 싶은 마음이 더 강력한 동인입니다. 그저 시세 차익 측면에서 해당 아파트를 보는 것이 아니라는 뜻이죠. 실제로 투자자가 많은 아파트보다는 실질적인 소유자가 많이 거주하는 아파트가 가격 상승 폭이 훨씬 더 큽니다. 대체로 투자자는 촉매제 역할을 할 뿐, 실질적인 가격 상승을 제대로 누리는 경우가 드물거든요.

아파트 관리 측면에서도 임차인이 많이 거주하는 아파트보다는 소유자가 많이 거주하는 아파트가 좋습니다. 임차인은 대부분 아파트에서 진행하는 각종 회의에 거의 관심이 없습니다. 그저 거주를 할 뿐, 자기 소유가 아니라 적극적이지 않기 때문입니다. 자기 소유 아파트에 거주할 때 보다 적극적으로 의사를 개진하면서 아파트 가격에 대해서도 민감하게 반응합니다. 임차인은 솔직히 가격 상승이 반갑지 않죠. 전세 금액이 올라서 좋아할 임차인은 없습니다.

현실적으로 서울에서 84m²를 투자 목적으로 구입하는 경우는 많지 않습니다. 전세를 끼고 매입하는 경우에는 투자 목적도 있지만, 그보다는 실거주 목적이 좀 더 큽니다. 당장은 보유한 현금이 적은데, 아파트 가격은 계속 상승하므로 시간이 지날수록 매수하기 힘들다고 여겨서 미리 구입하려 하죠. 그렇기에 거주하고 싶은 아파트를 전세를 끼고 미리 매수하는 경우가 많습니다. 이럴 때 대부분 59m²보다는 84m² 위주로 매수하고 나중을 기약합니다.

하지만 이런 경우를 제외하면, 아무래도 투자 금액이 많지 않을 때는 84m²보다는 59m²를 매수할 수밖에 없습니다. 이때는 84m²와 59m²의 세대수를 주목하세요. A아파트와 B아파트가 있습니다. 예를 들어 A아파트는 59m²가 400세대, 84m²가 600세대입니다. B아파트는 59m²가 600세대, 84m²가 400세대입니다. 여러분은 이럴 경우 A와 B 중 어느 쪽을 매수하시겠습니까?

59m²가 많다면 거래가 활발할 테니 B아파트가 더 좋다고 생각할 수 있습니다. 하지만 저라면 A아파트를 선택합니다. 그 비밀은 바로 84m²의 세대수에 있습니다. 84m² 세대수가 더 많다는 것은 실소유 거주자가 많다는 뜻입니다. 앞서 말씀드린 것처럼 임차인이 많이 거주하는 아파트보다는, 실소유주가 많이 거주하는 아파트가 훨씬 더 관리가 잘됩니다. 그것만으로도 아파트에 대한 인상이 달라지겠죠.

단순 계산할 때 59m² 3개 면적과 84m² 2개 면적이 비슷합니다. 아파트 층을 위로 높이 올린다는 측면에서는 다를 수 있어도 주차장 면적은 좀 더 쾌적할 수 있겠죠. 단지 크기도 59m²가 많은 아파트보다는 84m²가 많은 아파트가 좀 더 넓을 가능성이 큽니다. 알게 모르게 해당 지역에서도 84m² 세대수가 많은 A아파트를 B아파트보다 더 선호할 가능성이 큽니다. 그렇게 볼 때 같은 59m²라도 사람들이 A아파트를 바라보는 시선은 분명히 다를 겁니다.

59m²가 제일 넓은 면적이고 세대수도 가장 많은 아파트도 있습니

다. 이런 아파트는 대체로 임대 위주일 가능성이 큽니다. 임대가 많은 아파트는 투자자가 해당 아파트를 보유할 가능성이 크죠. 투자자는 어디까지나 수익을 목적으로 매수와 매도를 결정합니다. 반면 실소유주가 거주하는 곳은 거래가 자주 이루어지지도 않을뿐더러 단순히 수익으로 매도를 결정하지도 않습니다.

그런데 투자자, 특히 갭 투자자들은 대부분 2년 단위로 매수와 매도를 결정합니다. 가격이 오르려 할 때마다 물건이 쏟아진다면 가격 상승은 한계가 있기 마련입니다. 따라서 가급적 84m²에 투자하시되 현실적으로 59m²에 투자할 수밖에 없다면, 이왕이면 84m²가 많은 아파트 단지에 있는 59m²를 선택하시기 바랍니다.

노원구

인구	54.3만 명
아파트 물량	219개 단지 / 13만 4,131세대
평균 평당 가격	1,623만 원
지하철 노선	1·4·7호선, 경춘선
주요 생활환경	중계동 학원가
특징	서울 내 아파트 세대수 1위

넓은 평야에 갈대가 많았던 땅에 옛사람들은 '갈대 노(蘆)'에 '벌판 원(原)'을 써서 '노원'이란 지명을 붙였습니다. 노원구를 지나는 7호선 마들역은 말들이 많이 뛰어다닌다고 하여 붙인 이름이라고 합니다. 노원구는 강원도는 물론이고 함경도 쪽에서 한양 도성으로 들어오는 관문 중 하나이기도 했습니다. 처음 노원구 일대는 성북구였으나 성북구에서 도봉구가 생겨나고, 다시 도봉구에서 분구되면서 현재의 노원구가 되었습니다.

1990년대 중반에 4호선을 타고 쌍문역에서 창동역으로 갈 때가 기억납니다. 지하철에서 지상철로 나가면서 하늘 위로 가는 듯한 느낌과 함께, 좌우로 엄청난 아파트 단지가 끝도 없이 이어져 있어 감탄했죠.

노원구는 유네스코 세계문화유산에 등재된 태릉도 있지만, 사실 태릉선수촌으로 더 친근합니다. 워낙 아파트가 많아 노원구 하면 상계동, 중계동, 하계동만 떠올리지만 말이죠.

서울은 원래 사람들이 정착해 살던 곳이 자체적으로 발전한 도시입니다. 그러다 보니 새로운 주택을 건축하기 힘들었습니다. 다행히 노원구는 워낙 넓은 평야 덕분에 택지 개발로 수많은 아파트를 건설할 수 있었고, 이 때문에 서울 시민의 주택난 해결에 크게 기여했습니다. 대단지 아파트를 건축하면서 원주민들이 영구임대아파트에 들어가 살 수 있었거든요.

덕분에 노원구는 주택 보급률이 약 110%이고 임대주택 보급률도 1위입니다. 유치원, 초등학교, 고등학교 수가 서울에서 가장 많은 곳이기도 합니다. 이것이 가능한 것은 인구가 약 54.3만 명이나 되기 때문입니다. 이것도 2001년 인구인 64.7만 명에서 줄어든 겁니다.

노원구는 단독이나 연립주택을 찾기 힘들 정도로 전체 주택 중 아파트 비중이 80%나 됩니다. 그래서 서울 25개 구 중 아파트 세대수 1위를 기록하고 있죠. 아파트가 이렇게 많은데도 인구가 줄어든 것은, 아파트 면적과 관계가 있습니다.

노원구에는 소형 아파트가 워낙 많아, 아이들이 자라면서 더 넓은 집을 찾아 다른 지역으로 이사 가는 경우가 많습니다. 거기에 남양주시, 구리시, 의정부시가 접해 있는데, 이쪽에 신도시가 생기면서 보다 쾌적한 환경을 원하는 사람들이 다수 전출했습니다. 그렇다 해도 다소 저렴하게 아파트에서 살고 싶은 사람들에게 서울에서 노원구만 한 곳도 없습니다.

2018년 기준으로 노원구에는 219개 단지에 13만 4,131세대가 거주하고 있습니다. 아파트 평균 평당 가격은 1,623만 원으로 서울에서 23위에 해당합니다. 중계동이 평당 1,838만 원으로 제일 높습니다. 다음으로 월계동 1,622만 원, 하계동 1,551만 원, 상계동 1,540만 원, 공릉동 1,523만 원 순입니다. 제일 비싼 아파트는 중계동 청구3차로 최고 평당 가격 2,950만 원입니다. 중계동 학원가에 대한 선호가 가격에 반영되어 있죠.

전체 세대수가 많은 만큼, 노원구에는 500세대 이상 아파트가 정말 많습니다. 상계동에만 37개 단지인데, 서울에 있는 모든 동 중에서 제일 많습니다. 다음으로 중계동 19개 단지, 공릉동과 월계동이 14개 단지, 하계동이 11개 단지입니다.

노원구에 있는 아파트는 대부분 1990년대에 건축되었습니다. 상계동만 해도 2010년에 건축된 아파트는 없고, 2009년에 건축된 수락리버시티3·4단지가 제일 신축입니다. 아파트가 너무 많기에 전부 보는 것이 어렵기도 하지만, 중요한 몇몇 아파트만 살펴봐도 무방합니다. 그럼 지금부터 노원구의 주요 아파트를 살펴볼까요?

서울에서 아파트가 가장 많은 상계동

우선 서울에서 아파트가 가장 많은 상계동부터 살펴야겠죠? 지도에서 상계동을 찾아보면 한가운데에 노원역이 있습니다. 4호선과 7호선이 지나가는 더블 역세권입니다. 아쉬운 것은 7호선은 지하철인데 4호선은 지상철이라는 겁니다. 지상철은 도로에서 10m 이상 높은 곳에 위치하며 기둥이 있어 단절 효과가 있습니다.

노원역 기준으로 상계동 북쪽에는 상계주공7단지가, 아래에는 상계주공 3·5·6단지가 있습니다. 주공아파트인 만큼 면적은 작고 세대수는 많죠. 32m²만 있는 5단지는 제외하고 59m²를 중심으로 매매 가격을 살펴보겠습니다.

2018년 여름에 3단지가 평균 4.6억 원, 6단지가 4.3억 원, 7단지가 4.7억 원이었습니다. 3단지와 7단지 가격대가 엇비슷하죠.

상계주공3단지

수락리버시티3단지

2020년 1월에 3단지는 평균 5.9억 원, 6단지는 5.55억 원, 7단지는 6억 원으로 역시 비슷하게 상승했습니다. 2018년 여름에 이곳에 투자하기 위해서는 약 2.2억 원 이상은 갖고 있어야 했습니다. 이 점을 고려하면 지금까지 본 다른 지역과 비교할 때 조건이 아주 좋다고 할 수는 없습니다.

참고로 5단지는 평균 5.15억 원인데, 2018년 여름에는 평균 3.7억 원이고 갭은 2.5억 원이었으니 마찬가지로 투자금을 놓고 볼 때 우수하다고 하기는 애매하네요. 물론 5단지는 재건축이 진행되고 있다는 점을 눈여겨볼 필요는 있겠지만 말이죠.

상계동에서 가장 신축인 아파트는 수락리버시티3단지와 4단지입니다. 중랑천을 기준으로 좌측이 도봉동이고 우측이 상계동인데, 이 아파트는 도봉산역 근처에 있습니다. 둘 다 2009년에 입주했는데, 세대수는 4단지가 좀 더 많습니다.

4단지 59m² 가격을 보면 2018년 여름에 3.4억 원이던 것이, 2020년 1월에는 4.2억 원으로 상승했습니다. 3.4억 원일 때 매매 가격과 전세 가격의 차이는 불과 0.6억 원이었습니다. 이미 2018년에 상계역 근처 아파트들은 가격이 상승했고, 수락리버시티4단지는 뒤늦게 상승했죠. 그러니 남들이 좋다고 하는 곳이 아닌, 수락리버시티4단지로 갔다면 훨씬 더 많은 이익을 볼 수 있었을 겁니다.

한편 수락리버시티3단지는 84m²로만 구성되어 있습니다. 2018년 여름에 4.2억 원, 갭은 1억 원이었다가 2020년 1월에 5.1억 원이 되었습니다.

'강북의 대치동'으로 유명한 중계동

서울에서 학군으로 이름난 곳 중 하나가 중계동입니다. 은행사거리라고도 불리는 중계동 학원가가 있죠. 먼저 중계역 바로 옆에 있는 중계그린을 먼저 살펴보겠습니다. 이곳은 꽤 유명합니다. 무려 3,481세대나 되는 대단지에 소형으로 구성되어 있어 많은 투자자들이 눈여겨봤던 곳이거든요.

이곳은 59m²가 2018년 여름에 평균 3.6억 원이었고 2020년 1월에 평균 4.3억 원이 되었습니다. 앞서 살펴본 상계주공과 상승가격에 차이는 있지만, 상승률로 본다면 대체로 비슷합니다. 이곳은 2018년 여름이라면 약 1.2억 원만으로 투자할 수 있었습니다. 확실히 소액 투자 관점에서는 훨씬 더 똑똑한 투자라고 할 수 있을

중계그린

겁니다.

사실 중계동 학원가는 중계역을 비롯해 지하철역에서 상당히 멉니다. 내려서 버스로 또다시 이동해야 하는 거리죠. 입지에서 역세권이나 교통 조건이 가장 중요하다고 말씀드렸습니다. 하지만 이곳처럼 학군이나 학원가로 유명한 동네라면, 교통 조건이 다소 좋지 않아도 그 일대에서 가장 먼저 살펴봐야 합니다.

중계동 학원가로 들어서는 입구인 은행사거리에서는 중계청구3차와 건영3차가 라이벌 관계를 유지하며 가격 상승을 주도합니다. 더구나 두 아파트는 사이좋게 위아래로 붙어 있습니다. 청구3차 바로 옆에 을지초등학교와 을지중학교가 있습니다. 을지초등학교에서 길 하나만 건너면 청암고등학교가 있고요. 학원사거리에서도 건영3차보다는 청구3차가 좀 더 가깝습니다.

2018년 여름, 두 아파트 모두 평균 7억 원이었습니다. 둘 다 84m²로만 구성되어 있으며 갭 또한 모두 약 2억 원이었고요. 이렇

청구3차

건영3차

게 쓰고 보니 정말 맞수라 할 만하네요. 2020년 1월에는 청구3차는 평균 9.5억 원, 건영3차는 평균 9억 원이 되었습니다. 맞수라고 하지만, 청구3차가 좀 더 여러 면에서 사소한 우위를 점하는 것이 가격에 반영된 듯합니다. 가격이 이렇게 비슷할 때는 상승 가능성이 좀 더 큰 것을 매수해야겠죠.

　학원사거리 위쪽에 있는 중계주공5단지 84m²는 2018년 여름 평균 6.1억 원, 2020년 1월에는 평균 8.4억 원이었습니다. 전세 가격과 매매 가격의 차이는 여기도 2억 원이었고요. 중계동을 살펴보면 학군으로 유명한 지역이 상승기에 어떤 흐름을 타는지 알 수 있습니다.

학원가와 가까운 하계동

하계현대2차는 하계역보단 중계역에서 더 가깝지만, 84m² 기준 하계동에서 가장 비싼 아파트입니다. 1997년 입주를 시작해 730세대가 거주합니다. 중계동 학원가에서 가장 가깝기도 하죠. 2018년 여름에 평균 6.6억 원이던 것이, 2020년 1월에는 7.5억 원이 되었습니다.

다소 의아한 점은 같은 기간 75m²가 평균 4.5억 원에서 6.4억 원이 되었다는 것입니다. 같은 아파트인데도 가격 차이가 면적에 비해 과도하게 벌어졌습니다. 두 면적의 가격 차이만 봐도 84m² 보다는 75m²를 매매하는 쪽이 더 좋은 선택이었던 거죠. 더구나 84m²의 경우 갭이 2.3억 원이었는데, 75m²의 갭은 0.9억 원이었습니다. 여러모로 75m²를 매수할 좋은 기회였다고 할 수 있습니다.

하계역에서 제일 가까운 아파트는 현대우성과 청구입니다. 1,320세대인 현대우성은 84m² 매매 가격이 2018년 여름 평균 5.7억 원, 2020년 1월 평균 7.4억 원이었습니다. 660세대인 청구는 같은 기간에 평균 5.1억 원에서 평균 6.8억 원이 되었고요.

현대우성

하계현대2차

여전히 가격 차는 있지만, 확실히 상대적으로 더 저렴하다고 생각되는 아파트가 상승 폭은 큽니다. 하계역을 기준으로 길 좌우로 나눠져 있을 뿐인데 말이죠. 전세 가격과 매매 가격의 차이도 각 1.9억 원과 1.6억 원으로, 청구를 더 적은 투자금으로 매입할 수

청구

있었습니다.

'학세권'의 영향을 받는 공릉동

공릉동은 노원구의 끝에 있습니다. 공릉동을 지나가는 지하철 노선은 7호선 공릉역과 태릉입구역이지만, 정작 역 근처에는 아파트가 없습니다. 공릉동에서 주목할 만한 아파트는 1,601세대인 공릉풍림아이원과 426세대인 두산화랑타운, 그리고 579세대인 공릉두산힐스빌입니다.

2018년 공릉풍림아이원과 두산화랑타운의 84m² 매매 가격은 평균 5억 원으로 같았습니다. 공릉두산힐스빌은 같은 면적이 평균 4.6억 원이었고요. 그럼 세 단지의 가격은 어떻게 변했을까요?

2020년 1월 기준 평균 매매 가격은 공릉풍림아이원 6.1억 원,

공릉풍림아이원

두산화랑타운 6.7억 원, 공릉두산힐스빌 5.9억 원이 되었죠. 매매 가격과 전세 가격의 차이는 셋 모두 약 1.1억~1.2억 원으로 비슷 했습니다.

그런데 여기서 재미있는 점을 발견할 수 있습니다. 앞에서 말한 세 아파트 중 가격 상승률이 가장 큰 단지는 두산화랑타운이었습니다. 7호선 태릉입구역과 6호선 화랑대역에서 가까운 더블 역세권이라는 장점을 지닌 공릉두산힐스빌을 제친 겁니다.

두산화랑타운

이유가 뭘까요? 두산화랑타운이 다름 아닌 '학세권'이기 때문입니다. 사실 공릉동의 중심은 대학교입니다.

육군사관학교와 서울여대가 있거든요. 부동산에 학교가 영향을 미치는 요소는 초·중·고등학교 학군입니다만, 여기서는 대학교라는 점에서 다소 색다른 학세권이라고 할 수 있겠습니다.

광운대와 인접한 월계동

끝으로 월계동을 살펴보겠습니다. 노원구 대부분이 중랑천 우측에 있는데, 유일하게 월계동은 좌측에 있습니다. 동네 중심에 있는 광운대역사 개발로 화제가 되었죠.

2016년 1월 입주한 꿈의숲SK뷰와 2005년 입주한 월계풍림아이원의 84m² 가격은 2018년 여름에 평균 5.8억 원으로 같았습니다. 꿈의숲SK뷰는 우이천과 영축산 사이에 있고, 월계풍림아이원

꿈의숲SK뷰

월계풍림아이원

은 석계역 근처에 있어 입지 면에서 매력이 있죠.

게다가 시간이 지나며 신축 효과가 도드라지는 것 같습니다. 2020년 1월에는 평균 7.7억 원과 7.2억 원이 되면서 신축이 입지를 극복했다고나 할까요. 흥미롭게도 갭은 꿈의숲SK뷰가 0.3억 원 더 저렴했습니다. 여기서 얻을 수 있는 교훈은 신축이니까 마냥 비싸겠거니 하고 포기하지 말고, 전세 가격과 매매 가격의 차이를 꼼꼼하게 따져보는 습관을 들여야 한다는 것입니다.

한편 월계풍림아이원 옆에 있는 한진한화그랑빌은 84m²가 2018년 여름 평균 5.7억 원이었습니다. 그러다가 2020년 1월에는 평균 7.1억 원이 되었지요. 3,003세대인 한진한화그랑빌 역시 앞으로도 주의 깊게 살펴볼 필요가 있습니다.

월계동에는 1억 원대 아파트도 있습니다. 그중 초안1·2단지 39m²는 2018년 여름에 갭이 겨우 0.25억 원이었습니다. 2020년 1월에는 평균 1.85억 원이 되었고요. 이런 아파트는 면적이 좁다 보니 실거주로 선택할 수는 없고, 투자 목적으로 매입해야겠죠. 또 투자 목적이라 해도 시세 차익보다는 임대 수익 위주로, 좀 더 장기적인 관점에서 고려해야 하지 않을까 합니다. 참고로 2020년 1월 기준 초안의 월세 시세는 보증금 3,000만 원에 월세 40만 원 정도입니다.

중랑구

인구	39.8만 명
아파트 물량	118개 단지 / 4만 8,329세대
평균 평당 가격	1,626만 원
지하철 노선	6·7호선, 경춘선, 경의중앙선
주요 생활환경	상봉시외버스터미널, 중랑천, 서울의료원
특징	중심지와 다소 멀지만 조용한 거주 환경

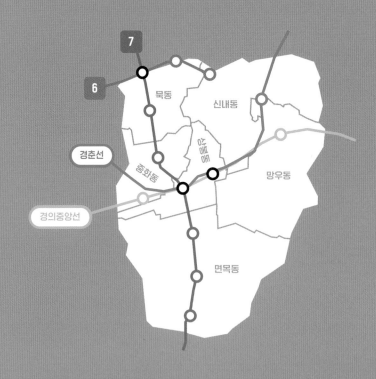

중랑천에서 지명이 비롯된 중랑구의 마스코트는 배꽃입니다. 묵동이 배를 재배하던 곳으로 유명하기 때문이죠. 성동구 면목동이 동대문구로 분리되었고, 다시 동대문구에서 현재의 중랑구로 분구되었습니다. 주변 지역으로는 동쪽에 구리시, 북쪽에 노원구, 남쪽에 성동구, 서쪽에 성북구와 동대문구가 있습니다.

중랑구는 망우동에 위치한 망우리 공동묘지가 유명합니다. 또 상봉동에 있는 시외버스터미널도 유명하지요. 예전에 군대 간 가족이나 친구를 면회할 때 상봉터미널을 많이 찾았습니다. 엄청나게 번화했던 기억이 있는 곳인데, 과거만큼 이용객이 많지 않지만 군인들은 여전히 많이 왕래합니다. 여기에 상봉역은 경춘선과 경의중앙선을 이용할 수 있죠. 최근에는 KTX로 강릉까지 갈 수 있는 교통편이 새롭게 생겼습니다.

　제가 대학생일 당시, 중랑구에 사는 친구를 만나러 갈 때면 교통이 다소 불편하다는 생각을 하곤 했는데, 그 상황은 여전히 변하지 않았습니다. 현재 중랑구를 지나가는 지하철은 6·7호선입니다. 상봉역을 통과하는 노선은 서울에서 외곽으로 빠지는 것이라, 중랑구에 거주하는 분들에게는 직주근접 효과가 별로 없죠. 이처럼 서울 중심지로 가는 교통편이 상대적으로 적다 보니 이 점이 고스란히 주택 가격에 영향을 미치는 것이 아닐까 합니다.

　하지만 그런 만큼 대체로 조용하고 아이를 키우기에는 좋은 곳입니다. 중랑구 내에서 시끌벅적한 중심지라고 할 수 있는 곳도, 다른 구에 비해선 차분하다고 할까요.

　중랑구 인구수는 약 39.8만 명입니다. 중랑구는 2018년 기준으로 118개 단지에 4만 8,329세대가 아파트에 거주합니다. 단지 수에 비하면 의외로 세대수가 적다는 것을 알 수 있습니다. 다른 구에 비해 대형 단지보다는 한 동짜리 아파트가 많다는 이야기겠죠.

　중랑구 아파트의 평균 평당 가격은 평당 1,626만 원으로 서울에서 22위입니다. 이 중 상봉동이 2,050만 원으로 가장 높습니다. 다음으로 묵동 1,685만 원, 면목동 1,579만 원, 신내동 1,514만 원, 중화동 1,512만 원, 망우동 1,504만 원 순입니다. 묵동에 있는 e편한세상화랑대는 중랑구에서 가장 비싼 아파트입니다. 최고 평당 2,800만 원으로 신축 효과를 제대로 보여주고 있죠.

　중랑구에서 눈여겨봐야 할 500세대 이상 아파트는 신내동이

12개 단지로 제일 많습니다. 다음으로 면목동과 상봉동에 6개 단지, 묵동에 4개 단지가 있습니다. 끝으로 중화동에는 1개 단지만 있습니다. 중랑구 전체 아파트 단지 수에 비하면, 500세대 이상 단지 숫자가 확실히 적다는 것을 알 수 있습니다.

부동산과 관련해 중랑구가 언급되는 경우가 적은 데는 것은 이유 때문인 듯합니다. 투자자 입장에서는 눈여겨볼 아파트가 다소 적은 편이기 때문입니다. 그럼 지금부터 중랑구 아파트를 하나씩 살펴볼까요?

시외버스터미널로 유명한 상봉동

상봉동 아파트는 의외로 상봉역이 아닌 망우역 근처에 밀집되어 있습니다. 망우역 3번 출구에서 2명 정도가 걸어갈 수 있는 좁은 통로를 따라 건영2차가 자리합니다. 청량리역, 왕십리역, 옥수역에서 편리하게 환승하기 위해 이 아파트를 선호하는 수요가 있다고 합니다. 비록 배차 간격이 10분에 1대이지만 말이죠. 건영2차는 84m²가 2018년 여름에 평균 4.6억 원이었고, 2020년 1월에는 평균 6억 원으로 올랐습니다.

상봉동에서 제일 비싼 아파트는 건영캐스빌입니다. 2006년에 입주해 가장 신축인 데다 면적도 84m²로만 구성되었기 때문인 듯합니다. 2018년 여름 평균 5.9억 원에서 2020년 1월에 평균 7.2억

건영캐스빌

원으로 상승했습니다. 단지 내부에는 경사가 좀 있지만 가운데가 넓어 좋아 보이더군요.

바로 옆에 위치해 같은 생활권이라 할 수 있는 상봉태영데시앙은 2018년 여름에 84m²가 5.8억 원이었는데, 2020년 1월에는 7.2억 원이 되었습니다. 건영캐스빌과 상봉태영데시앙은 밀접하게 움직이는 아파트라고 보시면 됩니다.

상봉태영데시앙

역세권이지만 비교적 저렴한 중화동

중랑구에서 제일 중요한 역은 누가 뭐래도 상봉역이죠. 7호선은 물론이고 경의중앙선과 경춘선까지 지나갑니다. 직주근접 관점에서는 이 중 7호선이 제일 중요한데, 정작 상봉역에서 제일 가까운 아파트는 중화동에 있는 한신입니다. 1,544세대이고 1997년에 준공되었죠.

2018년 여름에 84㎡가 평균 4.8억 원, 갭은 1.3억 원이었습니다. 2020년 1월에는 매매 가격이 평균 5.9억 원이 되었습니다. 역세권이라는 점을 고려했을 때 가격 상승 폭이 다소 작다고도 할 수 있지만, 이 정도면 지금까지 본 아파트 중 괜찮은 조건이라고 생각합니다.

한신

중랑구에서 아파트가 가장 많은 신내동

중랑구에서 아파트가 제일 많은 곳은 신내동입니다. 6호선 봉화산역 바로 앞에 신내6단지시영이 있습니다. 1996년에 입주했고 1,609세대가 거주합니다. 단지 바로 옆에 초등학교가, 길만 건너면 홈플러스가 있어 거주 환경은 좋은 편입니다. 시영아파트인지라 가장 큰 면적이 59m²인데, 2018년 여름 평균 3.5억 원에서 2020년 1월에 평균 4.4억 원이 되었습니다. 갭이 0.9억 원이었으니 투자금만큼 상승했네요.

신내IC를 넘지 않는 범위 내의 아파트를 살펴보겠습니다. 2010년에 입주한 데시앙에는 1,326세대가 거주합니다. 이 아파트는 봉화산역에서는 멀고 경춘선 신내역에 가깝습니다. 2019년 말,

신내6단지시영   데시앙

봉화산역까지 오던 6호선이 신내역까지 이어지면서 경춘선만 지나던 신내역이 더블 역세권이 되었죠.

이곳은 84m²가 2018년 여름에 평균 5.5억 원이었다가 2020년 1월 평균 7.5억 원이 되었습니다. 갭이 1.5억 원에 상대적으로 신축이라는 점, 6호선 연장 효과로 최근 가격이 많이 상승했습니다. 신내역에서 6호선을 타고 태릉입구역까지 가서 7호선으로 갈아탈 수 있게 된 점이 가격 상승에 영향을 준 것으로 보입니다.

7호선 효과가 돋보이는 묵동

묵동에서 관심을 가질 만한 아파트는 신내5단지두산대림, 묵동아이파크입니다. 먼저 신내5단지두산대림은 신내동에서 살펴본 신내6단지시영 바로 옆에 있습니다. 나란히 있지만 행정구역상 이 아파트는 신내동이 아닌 묵동에 속합니다. 그럼에도 단지 이름에 '신내'라는 지명을 쓴 것은, 그만큼 이 지역에서는 신내동이 주도적 위치에 있다는 뜻이겠죠.

1995년에 입주한 이 아파트 역시 봉화산역 바로 앞에 있고 1,200세대가 넘습니다. 또 124m² 이상 중·대형 면적으로만 구성되어 있으며 단지 내부가 네모반듯합니다. 구립도서관과 체육관, 공원, 대학병원 등이 모두 가까워 실거주하기에 모자람이 없어 보입니다.

다만 남향이 몇 동밖에 없다는 것은 아쉬운 점입니다. 또 공급면적과 전용면적이 일치하지 않아 124/107(공급/전용)m² 면적이 126/102m² 면적보다 매매 가격이 저렴합니다. 전용면적이 더 작은데도 102m²가 더 비싼 거죠. 2018년 여름 기준, 이 아파트 가격은 평균 5.8억 원이었고 2020년 1월에 7.5억 원이 되었는데, 갭은 1억 원이었습니다.

묵동아이파크는 7호선 먹골역 근처에 있습니다. 2002년에 입

묵동아이파크

주했고 601세대가 살고 있습니다. 중랑천이 가깝고 산책하기 좋아 주민들의 만족도가 높은 편입니다. 84m²가 2018년 여름 평균 4.5억 원, 전세 가격과 매매 가격의 차이는 0.7억 원이었습니다. 그러다가 2020년 1월에 평균 6.7억 원이 되었습니다. 1년 6개월 만에 무려 2.2억 원이나 상승한 것은 놀랄 만합니다. 강남까지 운행하는 황금 노선인 7호선의 위력이라고 봐야 할 것 같습니다.

신축 대단지 입주가 예정된 면목동

이번에는 면목동입니다. 여기에서는 면목두산4·5단지와 면목현대를 살펴봐야 합니다. 2000년에 준공된 면목두산4·5단지는 총 555세대가 살고 있습니다. 신기하게도 도로를 따라 몇 개 동씩 모여 있습니다. 마치 외국 아파트처럼 말이죠.

한편 면목현대는 7호선 용마산역에서 가깝습니다. 7호선을 타고 강남으로 출퇴근하는 분들에게는 편리한 여건이죠. 1994년에 입주했고 626세대가 거주하고 있습니다. 두 아파트의 84m² 매매 가격은 2018년 여름 각각 평균 5억 원과 4.8억 원으로 비슷했습니다. 2020년 1월 면목두산4·5단지는 평균 6.2억 원, 면목현대는 5.8억 원으로 올랐습니다.

면목동은 2020년 7월 사가정센트럴파크 입주가 예정되어 있습니다. 1,500세대가 넘는 대단지인 데다 면목동은 지난 10년간 새

면목현대

면목두산4단지

아파트가 거의 공급되지 않은 지역인 만큼, 주변 구축 아파트가 어떤 영향을 받을지 주목할 필요가 있습니다. 기존 구축 아파트의 매매 가격과 전세 가격의 흐름을 지켜보시길 추천합니다.

동대문구

인구	34.6만 명
아파트 물량	110개 단지 / 4만 1,102세대
평균 평당 가격	2,085만 원
지하철 노선	1·2·5호선, 경의중앙선, 경춘선, 우이신설선
주요 생활환경	청량리역, 동대문시장
특징	전농·답십리 촉진지구, 이문·휘경 재정비촉진지구

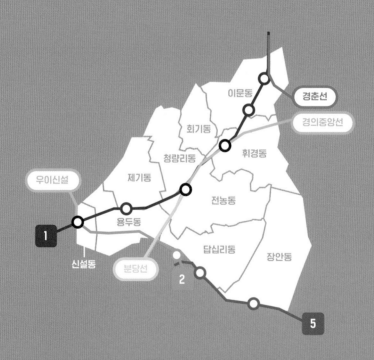

흔히들 동대문이 위치해 있어 동대문구라고 생각하실 겁니다. 그렇지만 정작 동대문은 종로구에 있다는 사실을 아시나요? 동대문이 위치한 종로6가는 1975년 창신동, 숭인동과 함께 종로구로 편입되었습니다. 동대문은 예전부터 한양에 들어오는 4대문 중 하나로 유동 인구가 많은 곳이었죠. 그 때문에 동대문 주변이 함께 발전했습니다. 현대화되긴 했지만 가장 큰 전통시장이 남아 있는 곳 중 하나이기도 합니다.

우선 무엇이든 살 수 있는 서울풍물시장이 있습니다. 레트로를 좋아하는 분들이 주로 찾는 곳으로, 주말에는 더욱 규모 큰 시장이 열립니다. 거기에 경동시장이 있어 각종 한약재를 구하는 사람들도 자주 찾고요.

동대문구에서 가장 많은 사람들이 언급하는 곳은 역시 청량리역입니다. 20~30년 전만 해도 청량리는 낭만이 넘치는 장소였습니다. 특히 청량리역 앞 넓은 광장에는 언제나 많은 인파가 몰려 정신이 없을 정도였습니다. 여름방학이 되면 대학생들이 대성리 등으로 MT를 가기 위해 청량리역에 모였죠. 저 역시 강릉에서 해돋이를 보기 위해 청량리역에서 기차를 타고 밤새 달려 새벽에 도착했던 기억이 있습니다. 현재는 청량리역이 현대화되기도 했고, 과거만큼 승객이 많지 않으니 상권이 예전만 못합니다.

이처럼 오래전부터 교통과 상권이 발달한 동대문구는 서울의 중심지였습니다. 교통과 상권이 발달했다는 말은 곧 사람이 살기 좋다는 뜻이기도 합니다. 그런 만큼 오래된 주택이 많았죠. 지금 동대문구는 전농·답십리 촉진지구 때문에 새로운 아파트가 많이 들어서며 변화하고 있습니다. 이문·휘경 재정비촉진지구도 많은 사람들이 주목하고 기대하는 곳이고요.

동대문구에서 서울 중심인 종로까지 가는 교통편은 많지만, 강남으로 가는 것은 아직도 다소 불편합니다. 1호선, 경의중앙선, 경춘선이 동대문구 중앙을 통과하는 반면, 2호선과 5호선은 경계를 지나갑니다. 2호선도 성수역에서 신설동역까지만 운행한다는 한계가 있고요. 최근 분당선이 청량리역까지 연장되며 강남 접근성이 높아졌지만, 운행 횟수가 적습니다.

동대문구는 워낙 오래전에 개발된 곳이다 보니 인구밀도가 전국에서 2위일 정도로 높습니다. 인구는 약 34.6만 명인데 말이죠.

아파트 같은 집합주택보다는 노후된 주택이 많았기 때문인 듯합니다.

동대문구 아파트의 평균 평당 가격은 2,085만 원으로, 서울에서 16위입니다. 전농동이 평당 2,485만 원으로 가장 높고, 용두동이 2,473만 원, 다음으로 답십리동이 2,434만 원입니다. 회기동은 2,222만 원, 신설동은 2,100만 원 순인데, 의외로 청량리동은 1,948만 원으로 동대문구에서 8위입니다. 오래된 아파트가 많기 때문이죠. 전농동과 답십리동에는 최근 몇 년 동안 새 아파트가 많이 지어졌는데, 2018년 6월에 입주한 전농동 동대문롯데캐슬노블레스가 평당 최고 4,230만 원으로 가격이 가장 높습니다.

동대문구는 2018년 기준 110개 단지에 4만 1,102세대가 아파트에 거주합니다. 500세대 이상이 거주하는 곳은 답십리가 10개 단지로 제일 많습니다. 전농동, 이문동, 장안동에 5개 단지가 있고요. 그 뒤를 이어 휘경동 4개 단지, 용두동 3개 단지, 제기동과 청량리동에 2개 단지가 있습니다. 마지막으로 회기동에 1개 단지가 있습니다. 서울 중심지인데도 인구밀도는 높고 인구는 다소 적은 이유가 500세대 이상 아파트 단지가 적기 때문인 것으로 유추할 수 있겠죠. 그럼 지금부터 동대문구 아파트를 살펴보겠습니다.

신축 단지가 많은 답십리동

동대문구가 사람들 입에 가장 많이 오르내리는 이유가 바로 답십리동 때문입니다. 500세대 이상 아파트도 가장 많고요. 바로 옆이 청량리역인데, 이곳에 분당선도 생겼죠. 거기에 답십리동에는 많은 수의 아파트가 생겼습니다. 2010년대 후반부터 신축이 시장을 이끌어나가고 있죠. 이처럼 도심에 가까우면서 새 아파트가 많은 답십리동이 동대문구에서 가격 상승을 주도하는 것은 당연합니다.

답십리동의 대표 아파트를 살펴보면, 2018년 5월 입주한 래미안미드카운티와 2014년 8월 입주한 래미안위브입니다. 84m² 매매가격은 2018년 여름 각각 평균 9.1억 원과 9억 원이었습니다. 입주 시기가 4년 차이 나는데도 가격 차이가 적은 이유는, 래미안위

래미안위브

래미안미드카운티

브가 단지 내에 도로가 있을 정도로 동 간격이 넓은 대단지인 데다가, 5호선 답십리역과 더 가깝기 때문입니다. 광화문으로 출퇴근하기 편한 것도 주된 이유로 보입니다.

2020년 1월에 래미안미드카운티가 평균 13억 원, 래미안위브가 11.5억 원으로, 두 아파트의 차이는 0.1억 원에서 1.5억 원으로 벌어진 것을 볼 수 있습니다. 역시 신축의 가격 상승 효과는 대단하죠. 초기에는 매매 가격이 일시적으로 근접해도 결과적으로 신축이 훨씬 앞서나가는 것을 알 수 있습니다.

여기에 청계천에서 가까워 조망이 좋고 신답역 근처에 위치한 청계한신휴플러스가 있습니다. 동에 따라 다르지만 청계천은 물론 남산과 롯데타워까지 보이죠. 2010년 입주한 이 단지는 725세대가 거주합니다. 84m²가 2018년 여름 8.5억 원, 2020년 1월 10.5억 원을 기록했습니다.

여기서 잠시 2018년 여름 매매 가격과 전세 가격의 차이를 볼까요? 래미안미드카운티가 4.4억 원, 래미안위브가 4억 원, 청계한 신휴플러스가 3.8억 원이었습니다. 길 하나를 두고 마주 보는 래미안미드카운티와 래미안위브 중 하나를 선택해야 한다면 어떻게 해야 할까요?

생각보다 선택이 쉽지 않습니다. 4,000만 원 정도는 별 차이 없어 보이지만 단 1,000만 원이 부족해서 매수하지 못하는 경우가 허다하니까요. 3개 단지의 아파트도 갭을 보면 투자 금액 대비 수익률은 비슷하게 느껴집니다. 아무리 좋아 보여도 결국 내가 갖고 있는 예산의 한도 내에서 투자할 수밖에 없으니, 가장 현명한 방향으로 선택해야겠습니다.

청량리역과 가까운 전농동

전농동은 답십리동 옆에 있으면서 청량리역에서 좀 더 가까운 곳입니다. 전농동에서는 래미안크레시티가 가장 대단지이면서 신축 아파트입니다. 2013년 입주해 2,397세대가 살고 있죠. 경사가 져서 단지 사이에 도로가 있는데, 이곳에 가기 위해서는 2층 높이의 엘리베이터를 타야 할 정도입니다. 이 단지의 84m² 가격은 2018년 여름 평균 9.1억 원이었습니다. 갭은 4.3억 원이었고요. 2020년 1월에는 12억 원이 되었으니 이 근처 아파트는 거의 비슷

하게 움직였네요.

2010년 입주한 래미안아름숲2차는 서울시립대학교와 배봉산 근린공원 사이에 있는데, 700세대나 되는데도 아담한 느낌이 듭니다. 84m²가 2018년 여름에 평균 7.1억 원으로 꽤 저렴했습니다. 상대적으로 저렴한 가장 큰 이유는 근처에 지하철역이 없기 때문입니다.

2020년 1월에는 평균 9억 원으로 올랐습니다. 2018년 여름에 갭이 2.8억 원이었던 것을 고려하면, 지금까지 본 동대문구 아파트

전농SK

래미안아름숲

중에서 가장 적은 투자금으로 수익을 봤다고 할 수 있겠죠. 건축 연도가 비슷한데 상대적으로 저렴하면서 매매 가격과 전세 가격의 차이가 적은 아파트라면, 투자 목적으로 눈여겨봐야 할 대상이라는 사실을 다시 한번 알 수 있습니다.

끝으로 래미안아름숲2차에서 도로를 건너야 하지만, 같은 초등학교로 배정받는 전농SK가 있습니다. 2000년에 입주했고 1,830세대가 살고 있습니다. 단지가 상당히 넓어 쾌적합니다. 단지 내에 경사가 꽤 있다는 것이 단점이기는 해도 말이죠.

2018년 여름 84m²가 평균 5.7억 원, 2020년 1월 평균 7.15억 원이었습니다. 당시 갭은 1.8억 원이었고요. 가격 상승률은 괜찮은 편이지만, 근처 다른 아파트의 가격 상승을 본다면 상승 여력이 좀 더 있지 않나 싶습니다.

중랑천변을 따라 자리한 장안동

장안동은 동대문구 가장 좌측에 중랑천을 따라 아파트들이 자리 잡고 있습니다. 이쪽 단지들은 전부 교통 여건이 좀 아쉽고 84m²의 가격대가 거의 비슷합니다. 가장 신축이자 비싼 장안힐스테이트가 2018년 여름 평균 6.4억 원에서 2020년 1월 평균 8.1억 원으로 상승했습니다.

그 외에 장안래미안1·2차와 장안현대홈타운이 있습니다. 이

장안래미안

중 가장 저렴한 장안현대홈타운 84m²가 2018년 여름 평균 6.1억 원에서 2020년 1월 평균 7.2억 원이 되었습니다. 2018년 여름 당시 매매 가격과 전세 가격의 차이는 장안힐스테이트가 1.9억 원, 장안현대홈타운이 1.7억 원이었습니다.

장안힐스테이트

재개발이 기대되는 이문동 · 휘경동

재개발로 유명한 이문동에는 2003년 입주한 이문e편한세상
과 2004년 입주한 래미안이문2차가 있습니다. 아파트 밀집 지역
에 위치한 이문e편한세상이 2018년 여름에 평균 5.7억 원이었습니
다. 회기역과 가까우면서 근방에서 유일한 아파트인 래미안이문2
차가 평균 6.5억 원으로 더 비쌌죠.

2020년 1월에는 평균 7.6억 원과 8.7억 원으로, 두 아파트의 가
격 차이가 더 벌어졌습니다. 이문e편한세상 옆에 신이문역 차량
기지가 있는데, 그 점이 영향을 미친 것 아닐까 합니다. 향후 두 아
파트 가격 차이가 더 벌어질지, 아니면 재개발로 주변에 신축 단지
가 들어서면서 이문e편한세상이 신축을 쫓아갈지 지켜볼 필요가
있습니다.

한편 휘경동에는 삼육보건대학교와 삼육의료원이 있죠. 그 위
에 브라운스톤휘경이 있습니다. 84m²가 2018년 여름 평균 5.5억

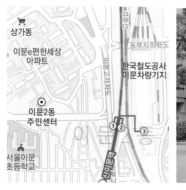

래미안이문2차

이문e편한세상

원, 갭은 1.4억 원이었습니다. 2020년 1월에는 평균 8.2억 원이니 무려 2.7억 원이 상승했습니다. 투자금이 1.4억 원이었다는 점을 생각하면, 투자자 입장에서는 숨어 있는 보석 같은 아파트였네요.

브라운스톤휘경

동대문구의 중심 청량리동

끝으로 동대문구에서 중심이라 할 수 있는 청량리동의 미주를 살펴봐야 합니다. 이 단지는 1978년에 입주한 아파트로, 과거에는 강남에 압구정 현대아파트가 있다면 강북에는 청량리 미주아파트가 있다고 할 정도였습니다.

이 단지의 가장 큰 장점은 걸어서 2~3분이면 1호선과 경의중앙선인 청량리역에 갈 수 있다는 것입니다. 1,089세대가 거주하며, 40년이 넘은 아파트지만 워낙 관리가 잘된 곳입니다. 제일 적은 면적이 전용 86m²인데, 1970년대에 건축된 것을 생각한다면 부촌 아파트임을 알 수 있죠.

워낙 오래되고 재건축 이야기가 나오고 있어 매매 가격과 전세 가격 차이는 무척 큽니다. 86m²가 2018년 여름에 평균 7억 원

미주

에서 2019년 10월에 평균 10억 원으로 상승했습니다. 2018년 여름 기준으로 갭이 4.2억 원이었고요. 재건축을 기대하고 매수한다면 괜찮겠지만, 언제 될지가 관건이겠습니다.

광진구

인구	35.3만 명
아파트 물량	84개 단지 / 2만 5,065세대
평균 평당 가격	2,816만 원
지하철 노선	2·5·7호선
주요 생활환경	동서울터미널, 어린이대공원, 건국대학교 및 주변 상권
특징	떠오르는 광남 학군

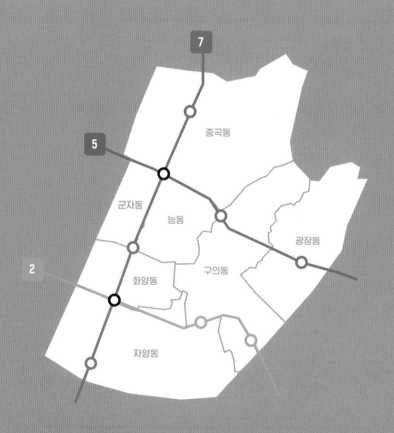

서울에서 가장 늦게 생긴 광진구

　광진구는 서울에서 가장 늦게 생긴 구입니다. 1995년 성동구에서 분리되었는데, 현재 광진구청 청사가 원래 성동구청 자리였습니다. '광진'이라는 구명은 한강 나루터였던 광진나루에서 유래했다고 합니다. 지도를 보면 광진구에서 한강을 건너는 다리가 영동대교, 청담대교, 잠실대교, 올림픽대교, 천호대교, 광진교까지 총 6개입니다. 여기에 잠실철교 옆으로도 차가 건널 수 있는 다리가 있고요.

　광진구에는 동서울터미널이 있는데, 경기도와 강원도를 오가는 승객들이 주로 이용합니다. 휴가 나온 군인들을 많이 볼 수 있는 곳이기도 하죠. 동서울터미널 건너편에는 테크노마트가 있습니다. 처음 테크노마트가 생겼을 때 건물 전체에 영화관은 물론이고 컴퓨터를 비롯한 전자 제품을 판매하는 곳이 생겨 신기해했던 기억이 납니다.

어린이날이면 인파가 붐비곤 했던 어린이대공원도 있습니다. 이곳에 있는 어린이회관이 서울에서 유일한 놀이공원이던 시절도 있었죠. 지금은 가족 단위로 가볍게 놀러 가는 장소로 테마파크보다는 공원 역할이 더 큽니다.

광진구에는 휴가를 즐기려고 일본으로 가는 주한미군의 발걸음을 잡기 위해 세운 그랜드워커힐호텔도 있습니다. 한국전쟁 당시 미8군 사령관이었던 '워커(walker)'와 언덕을 의미하는 '힐(hill)'을 조합한 이름입니다. 젊은이들의 성지인 건국대학교 근처는 상권이 활성화되었죠. 건국대학교 야구장 부지로 쓰던 곳에 스타시티가 들어서며 일대가 개발되었습니다.

광진구에는 2·5·7호선이 지나갑니다. 다만 황금 노선인 2호선이 다른 지역과는 달리 지상철이죠. 2호선과 5호선은 서울에서 일자리가 제일 많은 강남과 광화문을 지나가는 노선입니다. 또 광진구에서 한강만 건너면 송파구라는 점을 볼 때, 광진구 부동산 가격이 전체적으로 높을 것이라 예상할 수 있습니다.

광진구 아파트의 평균 평당 가격은 2,816만 원으로 서울에서 7위입니다. 광장동이 제일 비싼 3,403만 원이고 다음으로 자양동이 2,942만 원입니다. 그 밖에 구의동 2,615만 원, 화양동 2,365만 원, 군자동 2,009만 원, 중곡동 1,638만 원 순입니다.

광진구 전체 인구는 35.3만 명이고, 2018년 기준으로 84개 단지에 2만 5,065세대가 아파트에 거주합니다. 500세대 이상 단지가 무척 적은 편이죠. 광장동이 9개 단지로 가장 많습니다. 다음으로 자양동이 7개 단지이고 구의동이 4개 단지입니다. 그 외에는 의미 있는 500세대 이상 단지가 없습니다.

광진구에서 가장 비싼 아파트는 광장동에 있는 광장힐스테이트로, 최고 평당 가격은 5,480만 원입니다. 2012년에 입주한 비교적 신축 단지죠. 광진구에서 2010년대에 건축된 신축 단지는 광장힐스테이트 하나뿐인데도, 광진구의 전반적인 아파트 가격은 제법 비싼 편입니다.

광남 학군으로 유명한 광장동

광진구에서 의미 있는 아파트는 전부 한강 옆에 위치합니다. 그중에서도 광장동에 아파트가 제일 많습니다. 광장동에는 '광남 학군'이라 불리는 광남초·중·고등학교가 있죠. 이 학교들 바로 옆에 광장현대5단지가 있습니다. 1989년에 입주한 아파트인데, 재건축 이야기가 나올 정도로 상당히 노후되었습니다.

광장동에서 선호도가 제일 높은 아파트는 앞서 언급한 광장힐스테이트입니다. 2018년 여름에 84m²가 광장현대5단지는 평균 11억 원, 광장힐스테이트가 평균 12억 원일 정도로 학군의 위력이 엄청납니다. 2020년 1월에는 각각 평균 14.5억 원과 평균 17.3억 원

광장현대5단지

이 되었습니다. 특히 광장힐스테이트는 주변에서도 대기 수요가 있을 정도로 탄탄한 입지를 자랑합니다. 심지어 남양주에서도 입주하고 싶어 하는 분들이 있을 정도입니다.

학군과 관련되어서는 광장현대5단지 길 건너에 있는 광장현대3단지와 광장현대8단지도 눈여겨봐야겠죠. 2018년 여름 $84m^2$ 가 5단지는 평균 11억 원, 8단지는 평균 9.3억 원이었습니다. 이렇

광장힐스테이트

게 꽤 차이가 났던 두 아파트는 각각 13억 원과 13.5억 원이 되었습니다. 정말로 놀라운 일이 벌어졌네요. 1.7억 원이나 저렴했던 8단지가 오히려 0.5억 원이 더 비싸진 겁니다.

광장현대3단지

　시장을 주시하다 보면 일시적으로 이런 기회를 얻을 수 있습니다. 평소 3단지와 8단지의 가격이 비슷했는데, 이렇게 일시적으로 가격 차이가 벌어진다면 투자자에게 커다란 기회가 될 수 있는 거죠. 그런 면에서 관심 있는 아파트를 지속적으로 눈여겨볼 필요가 있습니다. 그래야 기회를 잡을 수 있겠죠.

　2020년 1월 현재 광장극동은 재건축 이야기가 나오고 있습니다. 1차가 1985년, 2차가 1989년 입주로 연식 차이가 있습니다. 이 단지는 중·대형 위주에 한강을 조망할 수 있습니다. 한강 북쪽에서 남향으로 해가 들고 거실에서 한강을 바라볼 수 있는 것이 진정한 한강 조망권이죠. 이처럼 광장동은 전체적으로 조용히 아이들을 키우기 좋은 동네라 학부모들의 선호도가 높습니다.

동서울터미널이 있는 **구의동**

광장동에서 강변역 방면으로 가면 구의동입니다. 잠실에서 올림픽대교를 타고 가면 정면 좌측에 병풍처럼 펼쳐진 아파트가 현대프라임이죠. 1997년에 입주했고 1.592세대가 거주합니다. 이곳은 대형 평형 위주로 한강 조망권이 좋습니다. 게다가 단지 바로 옆에 있는 테크노마트와 롯데마트는 물론이고 강변역까지 가볍게 걸어갈 수 있는 거리라 선호도가 높고요. 84m²가 2018년 여름 평균 10억 원이었고, 2020년 1월에는 14.5억 원이 되었습니다.

길 건너 구의현대2단지는 1992년 입주했고, 전부 84m²로만 구성되어 있습니다. 또 1,606세대로 구의동에 있는 아파트 중 세대수가 가장 많습니다. 현대프라임만큼은 아니지만 한강이 보이는 세

현대프라임

구의현대2단지

대도 있죠. 2018년 여름에 평균 9.2억 원이었는데, 2020년 1월에 평균 13.7억 원으로 상승했습니다. 구의동의 아파트 가격도 결코 만만치 않다는 것을 알 수 있습니다.

중소 단지가 많은 자양동

자양동에는 건대입구역이 있습니다. 2호선과 7호선이 지나가는 더블 역세권이죠. 롯데백화점 건대점도 있어 이 주변 아파트들의 가격이 매우 비쌀 듯하지만, 꼭 그렇지는 않습니다. 가장 비싼 자양우성3차 84m²가 2018년 여름 평균 9.3억 원에서 2020년 1월 평균 12.3억 원이 되었습니다. 1989년에 입주한 이곳에는 464세대

자양우성3차

가 거주합니다. 건대 상권을 이용하는 것은 물론, 뚝섬한강공원과 서울숲, 어린이대공원도 그리 멀지 않습니다. 당연히 주민들의 만족도가 높을 수밖에 없죠.

그다음으로 비싼 곳이 자양우성7차입니다. 1998년에 입주한 아파트로 625세대가 살고 있습니다. 자양우성3차와 함께 동자초등학교, 자양중학교, 자양고등학교를 단지 옆에 끼고 있죠. 84m²가 2018년 여름에 평균 8.6억 원이었고, 2020년 1월에 평균 12.3억원이 되었습니다.

길을 건너지 않고 이 근방 초·중·고등학교를 이용할 수 있는 자양우성1차는 1988년 입주했고 656세대가 거주합니다. 전용 80m²가 제일 큰 면적이죠. 2018년 여름 평균 7.6억 원에서 2020년 1월 평균 9.8억 원이 되었습니다.

자양동에 있는 아파트 중 다수는 500세대가 안 됩니다. 하지만 단지가 모여 있으면 시너지 효과를 내면서 대단지처럼 움직이는 효과가 있죠. 자양동의 아파트를 볼 때는 이 점을 염두에 두고 살펴 보시기 바랍니다.

성동구

인구	30.8만 명
아파트 물량	113개 단지 / 5만 5,615세대
평균 평당 가격	3,313만 원
지하철 노선	2·3·5호선, 분당선, 경의중앙선, ITX
주요 생활환경	서울숲, 성수동 상권
특징	강남 3구가 부럽지 않은 최고의 입지

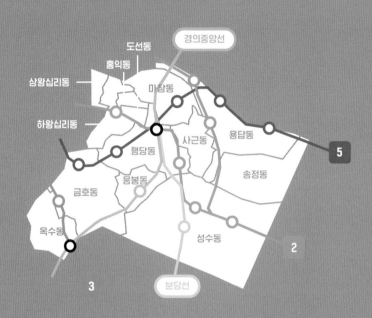

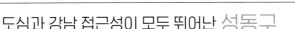

성동구는 한양도성 동쪽에 있어 붙은 지명입니다. 과거 성동구는 지금의 강남 3구는 물론이고 강동구, 광진구까지 포함될 정도로 넓었습니다. 최근에 '강남 4구'라는 표현을 많이 쓰는데, 저는 강남 4구에 성동구를 포함시켜야 한다고 생각합니다. 최근 성동구의 발전상이나 아파트 가격 상승률이 여러모로 대단하거든요.

성동구는 가장 서울다운 특징을 지니고 있습니다. 서울은 조선 시대부터 명실공히 한반도의 중심지가 되었죠. 그 때문에 자연 발생적으로 촌락이 생겨났습니다. 사실 서울은 평지가 많지 않은 곳인데, 이로 인해 대부분의 주택이 언덕이나 다소 경사 진 곳에 있습니다. 과거의 성동구 역시 평지보다는 경사진 곳이 많아, 오래된 주택이나 빈민촌이 대부분이었습니다. 지금은 아파트가 많이 생기며 분위기가 완전히 달라졌죠.

실제로 성동구를 걸어서 돌아다니면 친근하고 익숙한 풍경이 많으면서도, 최첨단으로 변모한 곳도 많아 신구가 조화를 이루는 듯한 느낌이 듭니다. 성동구에서 가장 유명한 곳은 서울숲입니다. 서울의 허파 역할을 하며 인근 지역 사람들에게 사랑받는 휴식처죠. 여기에 왕십리는 완전히 현대적으로 변신하는 중이고, 마장동 축산물 시장이나 장안평 중고 자동차 매매 시장도 널리 알려진 곳입니다.

성동구의 가장 큰 장점은 바로 교통입니다. 위치 자체가 아주 좋습니다. 한강만 건너면 곧장 강남구라, 굳이 지하철을 타지 않고도 강남 접근성이 뛰어납니다. 여기에 조금만 가면 광화문과 종로 일대가 나오는데, 역시 지하철 없이도 접근성이 좋습니다. 또 5호선을 타면 여의도도 곧장 갈 수 있죠.

이처럼 성동구는 서울 주요 지역에 가기 편리한 위치에 있는 거의 유일한 구가 아닐까 합니다. ITX청춘열차, 2·3·5호선은 물론이고 경의중앙선과 분당선까지, 지하철 노선도 부족함이 없으니까요.

성동구 인구는 30.8만 명이고 아파트 평균 평당 가격은 3,313만 원입니다. 서울에서는 4위를 기록할 정도로 과거의 촌 동네 이미지는 이제 없죠. 성동구에서는 성수동이 평당 3,813만 원으로 가장 높습니다. 다음으로 옥수동 3,706만 원, 금호동 3,379만 원, 상왕십리동 3,318만 원, 행당동 3,258만 원 순입니다. 그 외는 하왕십리동 3,096만 원, 응봉동 2,722만 원, 마장동 2,380만 원 등입니다.

성동구는 2018년 기준으로 아파트 113개 단지에 5만 5,615세대가 거주하고 있습니다. 500세대 이상 아파트는 꽤 많습니다. 금호동이 11개 단지로 제일 많고, 옥수동이 8개 단지, 행당동과 하왕십리동이 각각 7개 단지로 다음입니다. 응봉동과 성수동이 각각 6개 단지, 마장동 3개 단지, 상왕십리동이 1개 단지입니다.

성동구에서 제일 비싼 아파트는 서울숲트리마제입니다. 최고 평당 7,380만 원이며 연예인이 많이 사는 것으로도 유명합니다. 그럼 지금부터 성동구 아파트를 둘러볼까요?

신축 단지가 많은 금호동

금호동은 2010년대에 입주한 아파트가 무척 많습니다. 최근 성동구가 시장에서 가격 상승을 주도하는 이유죠. 2018년 입주한 e편한세상금호파크힐스가 가장 신축인데, 2018년 여름 기준 84m² 가격이 평균 11.5억 원이었습니다. 같은 시기 가장 비싼 아파트는 2016년 입주한 신금호파크자이로 평균 12.3억 원이었고요.

2020년 1월에는 역시 신축인 e편한세상금호파크힐스가 평균 14.8억 원으로 0.3억 원 정도 더 비싸졌습니다. 두 아파트는 5호선 신금호역 좌우에 위치하는데, 신금호파크자이 방향으로만 출구가 있습니다. 물론 역 출구가 가깝다 해도 실제 거리상으로는 기껏해

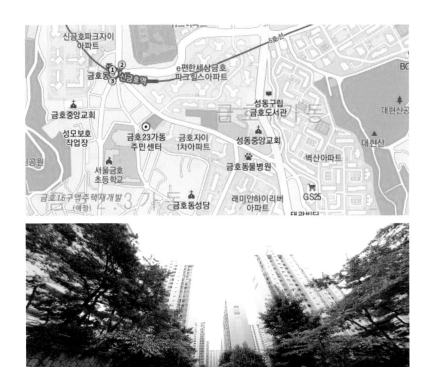

벽산

야 1분 정도 더 걸릴 뿐이니, 결국 신축 효과가 가격 상승에 더 크게 반영되었음을 알 수 있습니다.

금호동에서 상대적으로 저렴해서 젊은 부부가 선호하는 아파트가 벽산입니다. 1,707세대로 대단지이고 위아래로 길게 늘어서 있습니다. 2018년 여름 84m² 평균 매매 가격이 7.5억 원이었습니다. 2020년 1월에는 평균 8.8억 원이 되었죠. 상대적으로 가격 상승이 더뎠다고 할 수 있습니다. 2018년 여름 전세 가격과 매매 가격 차이는 3억 원으로 꽤 큰 편이었습니다. 이 정도 금액이면 다른 지역 갭 투자로 훨씬 더 큰 이익을 볼 수 있었을 겁니다.

벽산 길 건너에는 래미안하이리버가 있습니다. 도로에서 보면 높은 성 위에 있는 듯한 느낌이 들고, 고층의 경우 한강이 보여 아파트 이름에 하이리버가 붙은 것 같습니다. 2018년 여름에 84m²가 평균 9.8억 원이었고, 2020년 1월에 평균 12.5억 원이 되었습니다. 2012년 입주한 비교적 신축 아파트라는 면에서는 가격 상승률이 상대적으로 아쉽습니다.

금호동이 유명해진 것은 서울숲푸르지오 덕분입니다. 예능 프로그램에 모 연예인이 사는 이 단지가 소개되었기 때문이죠. 실제로 연예인이 제법 살고 있습니다. 서울숲푸르지오는 1차와 2차로 나뉘는데, 1차는 서울숲이라는 이름답게 단지 내부가 숲처럼 조성되어 있습니다. 2차는 경사가 좀 있고요. 그런 이유로 두 단지의 입주 연도가 2007년과 2012년으로 차이가 있는데도, 2018년 여름에 84m² 매매 가격은 평균 12억 원으로 같았습니다. 서로 붙어 있

서울숲푸르지오

금호대우

어 모든 조건은 같았는데 말이죠.

하지만 2020년 1월에는 1차가 평균 13.2억 원이 되었고, 2차는 15억 원으로 가격 차이가 꽤 벌어졌습니다. 같은 입지의 아파트가 입주 연도가 다른데도 신축과 구축의 가격이 동일하다면, 역시 신축을 매수해야 한다는 교훈을 다시 한번 얻을 수 있습니다.

그 위쪽으로 금호대우가 있습니다. 무척이나 고지대에 있는 아파트인데, 위를 올려다보면 성 위에 있는 것 같은 느낌이 듭니다. 금호대우는 고층에서 서울 전역이 보일 정도로 조망이 정말 좋습니다. 거실에서 각종 불꽃 축제를 볼 수 있을 정도입니다. 그런 이유로 한번 고층에 입주한 분들은 이사하는 것을 싫어한다고 하네요. 단지 입구까지 마을버스가 들어와 교통도 불편하지 않습니다. 84m²가 2018년 여름 평균 8.7억 원에서 2020년 1월 평균 11.4억 원이 되었습니다.

새롭게 태어난 옥수동

'과거는 완전히 잊어주세요'라고 당당히 말할 수 있는 옥수동입니다. 옥수동은 전체적으로 경사가 있는 동네지만, 저는 이곳이 무척 좋습니다. 옥수동에 있는 아파트는 전부 눈여겨볼 필요가 있습니다.

가장 신축인 e편한세상옥수파크힐스와 래미안옥수리버젠은 둘 다 2010년대에 입주한 아파트입니다. 맞수처럼 도로 하나를 사이에 두고 있습니다. 여기에 옥수하이츠와 한남하이츠는 둘 다 한강 바로 옆이라 진정한 한강 조망권이 실현되는 곳이죠. 재건축 예정이라 앞으로 가치가 더욱 높아질 가능성이 크고요.

2016년 입주인 e편한세상옥수파크힐스는 84m²가 2018년 여름

e편한세상옥수파크힐스

래미안옥수리버젠   옥수현대

에 13.5억 원, 2012년 입주인 래미안옥수리버젠은 같은 면적이 평균 13억 원이었습니다. 이 당시에도 가격 차이가 별로 없었는데, 2020년 1월에도 평균 14.7억~15억 원으로 비슷합니다.

e편한세상옥수파크힐스는 경사가 꽤 가파르고, 래미안옥수리버젠은 경사는 있지만 동 자체가 계단 위에 있어 평평한 곳에 위치합니다. 4년 더 오래되었긴 하지만 이런 이유로 래미안옥수리버젠이 옥수동의 실질적인 랜드마크라고 할 수 있습니다. 한강 건너자마자 나오는 압구정 현대에 거주하는 부모님들이 자녀를 래미안옥수리버젠에 거주하게 하는 경우가 많다고 하네요.

옥수역 바로 옆으로는 옥수현대와 옥수어울림, 옥수강변풍림아이원이 버티고 있습니다. 옥수역에서 제일 가까운 옥수현대는 $84m^2$가 2018년 여름 평균 8.5억 원, 2020년 1월 평균 11억 원이었습니다. 이 아파트도 경사가 꽤 있으며 단지 바로 옆에는 달맞이봉공원으로 통하는 길이 있죠. 통로를 따라가면 금호대우로 갈 수 있는데, 공원 정상에서 보는 풍경이 무척이나 아름답습니다.

왕십리역 역세권 행당동

행당역 도로 위아래로 행당대림과 행당한진타운이 있습니다. 둘 다 경사가 있는데, 행당한진타운에는 단지로 들어가는 외부 엘리베이터가 위치합니다. 두 아파트는 입주 연도도 실질적으로 같을 정도로 맞수 중 맞수입니다. 84m² 면적 가격이 2018년 여름 행당대림 8.1억 원과 행당한진타운 8.2억 원으로 엇비슷했죠. 2020년 1월에는 각각 9.75억 원과 10억 원으로 차이가 조금 더 벌어지고 있네요.

행당동에서는 신기하게도 1996년 입주인 행당삼부(서울숲삼부)가 제일 비쌉니다. 이유는 바로 옆에 왕십리역이 있기 때문입니다. 2018년 여름 기준 84m²가 10억 원에서 2020년 10월 11.8억 원이 되었습니다. 2·5호선, 분당선, 경의중앙선까지 어디든 갈 수

행당한진타운　　　　　　　행당삼부

있는 지하철 역세권의 위력은 확실히 대단합니다.

서울숲 프리미엄을 톡톡히 누리는 성수동

성수동은 서울숲이 있어 진정한 숲세권이라 불리는 대표적인 지역이죠. 기존 2호선 뚝섬역에 분당선 서울숲역이 더해져 교통이 더욱 좋아졌습니다.

성수동은 상권도 새롭게 조명되고 있습니다. 여러 스타트업 기업도 입주하고 재건축과 재개발 이야기도 꾸준히 나오고 있거든요. 이처럼 워낙 '핫한' 지역이라 땅값 자체만으로도 매우 비싼 동네라고 할 수 있습니다.

한강 조망권으로도 유명하고 톱스타들이 많이 살고 있는 서울숲트리마제를 제외하면, 성수동에서 제일 비싼 아파트는 서울숲

서울숲힐스테이트

힐스테이트죠. 2009년 입주한 단지인데, 84m²가 2018년 12.5억 원에서 2020년 1월 15.5억 원이 되었습니다. 여러 호재가 있는 성수동은 앞으로도 가격 상승 여력이 기대되는 곳입니다.

재개발로 확 달라진 하왕십리동

청계천과 2호선 상왕십리역 사이에 재개발로 탈바꿈한 텐즈힐과 센트라스가 있습니다. 한때 미분양이 있었지만, 이제는 가격이 어마어마하게 상승했죠. 직주근접이면서 도심 근처에 이보다 좋은 아파트는 별로 없습니다.

텐즈힐1단지는 2015년, 텐즈힐2단지는 2014년, 센트라스는 2016년에 입주했습니다. 합쳐서 5,000세대가 넘는 매머드급 단지라 멀리서도 보일 정도입니다. 2018년 여름에 84m² 기준 텐즈힐1단지는 평균 11.5억 원, 텐즈힐2단지는 11억 원, 센트라스는 12억

텐즈힐

원이었습니다. 2020년 1월에는 텐즈힐1단지가 14억 원, 텐즈힐2단지가 13억 원, 센트라스가 14.5억 원이 되었습니다. 이 경우 역시, 같은 입지라도 신축일수록 아주 살짝 더 비싼 추세가 계속 이어지는 것을 알 수 있습니다.

센트라스

아파트 공급과 수요,
인과관계가 아닌 상관관계다

서울 아파트 가격은 2010년대 후반부터 매년 지속적으로 상승하고 있습니다. 이런 현상을 두고 많은 이들이 아파트 가격을 안정시킬 유일한 방법은 공급 확대라고 말합니다. 우리가 아는 상식에서 수요가 많으면 가격은 상승하고 공급이 많으면 가격이 하락하니까요.

그런데 공급을 늘린다고 해서, 서울 아파트 가격이 무조건 하락할지는 의문입니다. 아파트 공급에 따른 가격 상승과 하락은 연관성이 높은 상관관계를 형성할지는 몰라도, 원인에 따른 결과를 보여주는 인과관계는 아니라고 보기 때문입니다.

2010년부터 2021년까지 서울 아파트의 연평균 입주 물량은 약 2만 9,800호입니다. 입주 물량이 가장 적을 때는 2012년 1만 9,200호, 가장 많을 때는 2019년 4만 4,800호였습니다. 그런데 이렇게 볼 때 다소 이상한 점이 느껴지지 않나요? 2012년은 서울 아파트 가격이 2010년대 들어 가장 저렴할 때였습니다. 2019년은 서울 아파트 가격이 역사상 가장 비쌀 때였습니다. 상식대로라면, 가격과 입주 물량은 반대로 움직여야 하지 않을까요?

이 현상을 다음과 같이 해석할 수 있습니다. 서울 아파트 가격은 서울에서의 공급과 수요만 보면 안 되고, 수도권으로 범위를 넓혀야 한다고 말이죠. 2010년부터 2021년까지 수도권 아파트의 연평균 입주 물량은 12만 6,500호입니다. 입주 물량이 가장 적을 때는 2013년으로 7만 1,900호였고, 입주 물량이 가장 많을 때는 2019년으로 20만 6,500호였습니다. 서울 아파트 입주 물량을 살펴볼 때와 똑같은 현상이 수도권에서도 보이지 않나요? 약간의 시차가 존재하지만 서울과 수도권은 함께 움직이는 동조화 현상을 보이는 것이죠. 서울과 수도권 모두 아파트 가격이 비슷한 시기에 상승 또는 하락한 것입니다.

즉 상식과는 다소 반대되는 현상이 나타납니다. 서울 아파트만 놓고 본다면 공급이 늘면 가격이 상승하고, 공급이 줄면 가격이 하락하는 것이 맞습니다. 문제는 서울 아파트 가격이 그렇게 단순하게 움직이지는 않는다는 거죠.

2010년대 후반기만 놓고 본다면 아파트 가격 상승을 주도한 것은 신축이거나 신축이 예정된 아파트였습니다. 지금도 많은 사람들이 신축 아파트라면 묻지도 따지지도 않고 '로또 아파트'라고 부르면서 청약을 합니다. 신축은 입주가 시작된 후에도 근방의 가격 상승을 주도하고요. 서울에 있는 아파트 중 현재 랜드마크가 되는 단지는 대다수가 2010년대에 입주한 단지입니다.

여기서 재미있는 점이 하나 있습니다. 지금은 많은 사람들이 선망하는 반포동의 래미안퍼스티지도 초기에는 미분양되었다는 사실입니다. 이 단지는 2009년 7월부터 입주를 시작했는데, 전체의 5%가 미분양 상태였습니다. 당시 서울의 아파트 입주 물량은 3만 911호로, 2000년대 들어 물량이 가장 적은 해였습니다. 미분양이 난 이유 중 하나가 평당 3,200만 ~3,400만 원으로 분양가가 비싸다는 점 때문이었죠. 이제는 강북의 대장 아파트로 떠오른 마포래미안푸르지오도 초기에는 미분양이었습니다. 이처럼 놀라운 반전을 이뤄낸 아파트가 서울에는 무척 많습니다.

다시 공급 이야기로 돌아가면, 결과적으로 아파트 공급은 어느 한 해만 보면 안 되고, 공급이 지속되는 '추세'를 살펴보는 것이 중요합니다. 1년 단위로 볼 때는 공급이 적은지 많은지가 다소 불분명하지만, 몇 년간 공급이 많다면 그에 따른 여파가 반드시 시차를 두고 찾아옵니다. 아파트 분양 후 실제 입주까지는 2~3년이 걸립니다. 이런 시차 때문에 공급 물량을 조절하는 것은 꽤 어려운 일이죠. 부동산 시장 상황이 좋을 때는 너도나도 재빨리 재건축과 재개발을 통해 분양에 뛰어듭니다. 여기에 조합에서 추진하며 관리처분까지 진행되었는데, 시장 상황이 좋지 않다고 해서 멈출 수도 없습니다.

그러니 공급량에 일희일비하지 마세요. 서울에서 미분양이 속출할 때가 용기를 갖고 매수할 때입니다. 반대로 서울에서 청약 열풍이 불 때가 잠시 쉬면서 추이를 살펴볼 때이기도 합니다.

서울 아파트만 놓고 볼 때 공급이 분명히 중요하지만, 수요 또한 결코 무시할 수 없습니다. 서울 아파트에 대한 수요는 정확하게 공급이 많고 적음에 따라 움직이지는 않습니다. 그보다는 서울 아파트 가격이 상승 추세인가, 혹은 하락 추세인가에 따라 움직입니다. 아무리 공급이 적어도 가격이 하락한다면 수요는 사라집니다. 공급을 무한정 늘려도 가격이 상승한다면, 수요는 전국적으로 생겨납니다. 단순히 공급만 놓고 가격을 논하는 것은 너무 단편적인 결론인 거죠.

만약 정부가 현재 추진하고 있는 모든 재건축·재개발 사업자의 요구에 응해 50층까지 짓는 것을 허가한다고 가정해봅시다. 또 30년 이상 된 아파트 역시 전부 재건축을 수락한다고 가정해보겠습니다. 그러면 서울에서 아파트 공급이 엄청나게 증가할 겁니다. 입주 물량이 지금보다 10배까지도 늘어나겠죠.

이렇게 된다면 가격이 그 즉시 하락할까요? 저는 그렇게 보지 않습니다. 오히려 가격은 더욱 미친 듯이 오를 겁니다. 지금은 너나 할 것 없이 모든 사람이 신축 아파트를 선호합니다. 신축 아파트에 살아본 사람들은 편의성과 쾌적함 때문에 구축 아파트에서는 더 이상 살지 못하겠다고 하죠. 특히 서울은 인구 대비 아파트 공급이 적으니, 신축 아파트에 대한 선호도가 더욱 높습니다. 이런 사람들의 선호도와 욕망의 정점에 있는 것이 강남 아파트고요.

그러므로 공급을 엄청나게 늘리면, 서울 아파트 가격은 급격하게 상승했다가 다시 갑작스럽게 하락하게 될 겁니다. 지금은 가격이 천정부지로 뛰는 것을 보고 허탈감을 느끼며 대규모 공급을 주장하는 분들이 많지만, 실제로 대규모 공급이 실현된 후의 가격 하락은 더 많은 사람들에게 공포와 좌절감을 줄 것이라 봅니다. 아파트는 일단 한번 공급되면 입지가 변하지 않고 해당 지역에서 수십 년간 자리를 지킵니다. 엄청난 물량이 공급되면 몇 년 지난 이후부터 공실 아파트가 속출하겠죠. 이런 현상은 누구도 바라지 않을 겁니다.

현재 분위기로 봐서는 추진 중인 재건축과 재개발 사업지가 관리처분까지 순조롭게 진행되어 분양된다면 가격이 상승할 것은 불 보듯 뻔합니다. 실제로 가격이 상승하는 시기에는 늘어난 공급이 오히려 마른 장작에 기름을 붓는 격이 됩니다. 서울 아파트에 대한 수요는 넘치도록 많으니까요.

그 수요는 사람들이 이야기하는, 숫자로 표현할 수 있는 범위를 훨씬 뛰어넘습니다. 그것은 공급이나 수요와 전혀 상관없는 인간의 심리 때문입니다. 공급이 부족한데도 수요가 적을 수 있는 것은, 매수해도 돈이 되지 않는다는 인간의 공포가 작용하기 때문입니다. 반대로 공급이 많아도 그 이상의 엄청난 수요가 생기는 것은, 일단 매수하면 무조건 돈을 벌 수 있다는 심리가 작용한 결과입니다.

몇 페이지에 걸쳐 이토록 길게 이야기하는 것은, 실거주든 투자 목적이든 아파트를 매수하려는 많은 분들이 오직 공급 물량만 보고 투자 여부를 결정하기 때문입니다. '공급 물량이 적어 가격이 상승할 것이다', '공급 물량이 많아 한동안 가격이 상승하긴 힘들다'라는 식의 판단은 '수요'라는 이름을 가진 인간의 심리를 무시한 결과로 보입니다. 다시 한번 강조합니다. 서울 아파트 공급과 수요는 서로 상관관계가 높을 뿐, 인과관계는 아니라는 점을 반드시 기억하시기 바랍니다.

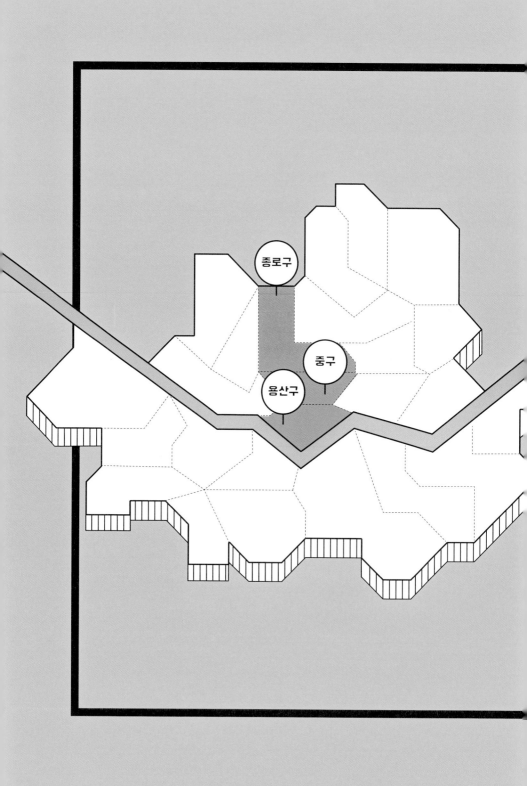

PART 2

도심권

중구
종로구
용산구

중구

인구	12.6만 명
아파트 물량	34개 단지 / 12만 642세대
평균 평당 가격	2,686만 원
지하철 노선	1~6호선, 경의중앙선
주요 생활환경	서울역, 명동, 남대문시장, 동대문시장 등
특징	도심 핵심지, 강력한 상권

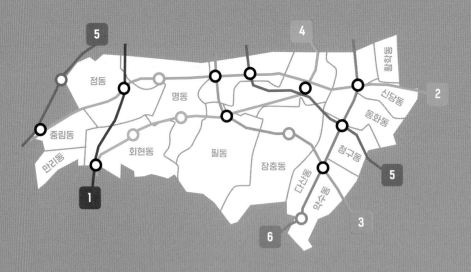

'서울 안의 서울' 중구

조선 시대에 '한양'은 사대문 안을 가리키는 말이었습니다. 그런 뜻에서 중구는 그야말로 '서울 안의 서울'이라 할 수 있는 동네죠. 서울에서 면적이 제일 작은 곳이지만, 심리적인 면적은 최고라고 할 수 있습니다. 무엇보다 서울시청을 비롯해 웬만한 대기업의 본사나 서울 사무소가 위치한 곳이니까요. 그 중요성이나 영향력이 과거보다는 다소 퇴색하긴 했어도, 여전히 가장 화려할 뿐만 아니라 서울의 모든 것을 볼 수 있는 구입니다.

다른 지역보다 을지로, 퇴계로, 충무로 같은 지명이 많은 건 일제강점기부터 내려오는 지명이 우리말로 바뀌었기 때문입니다. 지금과 달리 과거에는 약속 장소를 정하면 대부분 중구였습니다. 서울시청은 물론이고 서울역, 명동성당, 남대문시장, 동대문시장 등 중구에서 전국적 인지도를 지닌 지명을 나열하자면 끝이 없을 정도입니다.

이렇게 유명한 곳이 많다는 것은 상업 시설을 비롯한 유동 인구가 많다는 뜻이지만, 한편으로는 거주 인구가 적다는 의미이기도 합니다. 실제로 도심 공동화 현상이 가장 많이 언급되는 지역이 중구입니다. 서촌 지역의 초등학교는 학생 수가 적어, 교장 선생님이 주변 회사를 돌아다니며 학교에 아이들을 보내달라고 호소할 정도였다고 하죠. 신기하게도 효과가 있었는지, 폐교 직전까지 갔던 학교는 현재 학생 수가 늘었다고 합니다.

또 중구는 서울역 덕분에 전국으로 출발하는 기차가 있지만, 고속도로는 없는 곳이기도 합니다. 무엇보다 서울의 중심답게 지하철 노선이 아주 잘 갖추어져 있습니다. 1·2·3·4·5·6호선은 당연하고 경의중앙선도 지나갑니다. 이토록 지하철 노선이 화려한 구도 없을 겁니다. 강남구가 엄청나게 발전한 이유 중 하나가 서울은 물론 수도권 어디서든 편리하게 접근할 수 있는 대중교통입니다. 중구 역시 다양한 지하철 덕분에 서울 어디서든 아주 편하게 갈 수 있습니다.

중구에는 2019년 기준으로 아파트 34개 단지에 1만 2,642세대가 거주하고 있습니다. 앞서 말씀드렸듯 중구는 거주 인구 자체가 워낙 적습니다. 12.6만 명밖에 되지 않습니다. 500세대 이상 단지도 10개뿐입니다. 신당동이 7개 단지로 제일 많고, 만리동, 중림동, 황학동에 각 1개 단지가 있습니다. 인구도 적고 아파트도 적다는 것을 알 수 있습니다.

　중구의 아파트 평균 평당 가격은 2,686만 원으로 서울에서 8위입니다. 만리동이 평당 3,570만 원으로 제일 비싼데, 이곳은 서울역 서쪽에 있는 지역이죠. 중림동 3,069만 원, 순화동 2,798만 원, 신당동 2,746만 원 순입니다. 이어서 회현동 2,735만 원, 남대문로 2,618만 원, 충무로 2,435만 원, 황학동 2,101만 원, 흥인동 1,973만 원 순입니다. 중구에서는 만리동과 신당동에 있는 아파트를 살펴보겠습니다.

중구의 대장 아파트가 있는 만리동

　만리동에는 중구에서 제일 비싼 아파트가 있습니다. 가장 최근인 2017년 8월에 입주한 서울역센트럴자이입니다. 1,341세대가 거주하고 있죠. 평당 가격이 최고 4,600만 원에 달하는 이 단지는 서울역과 가깝습니다. 우리가 흔히 보는 서울역 정문 방면이 아닌,

서울역센트럴자이

후문 쪽에서 조금 올라가야 합니다.

이 단지는 경사가 꽤 급한 곳에 위치하지만 신축 아파트라 선호도가 무척 높습니다. 서울역을 이용해 전국으로 출장을 가거나 광화문 쪽으로 출근하는 분들이 선호하는 아파트죠. 서울역 방향과 반대쪽으로는 마포구와 이웃하고 있고요. 2018년 여름 기준 84m²가 평균 12.5억 원, 2020년 1월에는 평균 15억 원이었습니다.

2·3·5·6호선의 혜택을 고루 받는 신당동

떡볶이로 유명한 신당동에는 남산타운이 있습니다. 한남대교를 지나 장충동 방향으로 가다 보면 우측 산 위에 있는 아파트가 바로 남산타운입니다. 위치만 봤을 때는 왠지 모르게 신당동이 아닌 것처럼 느껴지죠. 2002년에 입주했고 5,150세대나 되는 대단지인데, 최근 서울시에서 시범적으로 리모델링을 하겠다고 발표해 관심을 받았습니다. 이곳은 경사가 꽤 가파르고 산속에 있는 듯한 느낌을 주는 단지입니다. 바로 앞에 6호선 버티고개역이 있는 것

남산타운

도 장점입니다. 서울 한가운데에 위치해 어디를 가든 편하게 갈 수 있고, 그러면서도 숲세권이라 조용하고 아늑하게 거주할 수 있는 곳이죠.

임대가 꽤 많이 포함되긴 했는데, 84m²가 2018년 여름 평균 8억 원이었다가 2020년 1월에 11억 원이 되었습니다. 참고로 2018년 여름 매매 가격과 전세 가격의 차이는 2.8억 원이었습니다.

래미안하이베르와 청구e편한세상은 입주 연도가 모두 2011년으로 같습니다. 래미안하이베르는 784세대, 청구e편한세상은 895세대가 살고 있습니다. 84m² 가격을 보면 2018년 여름에 래미안하

청구e편한세상

이베르는 평균 8.8억 원, 청구e편한세상은 10.5억 원으로 차이가 꽤 있었습니다.

2020년 1월이 되자 두 단지의 매매 가격은 평균 9.5억 원과 12.2억 원으로 더 벌어졌습니다. 이유가 뭘까요? 청구e편한세상은 바로 옆에 5·6호선 청구역이 있습니다. 래미안하이베르는 2호선 상왕십리역이 좀 더 가깝지만, 경사가 심해 막상 걸으면 결코 가깝게 느껴지지 않습니다. 이런 차이가 두 아파트의 가격을 벌어지게 만든 이유로 보입니다.

3·6호선 환승역인 약수역 옆으로 1999년에 입주한 약수하이츠가 있습니다. 2,282세대가 거주하는 비교적 대단지 아파트죠. 84m²가 2018년 여름 평균 8.4억 원에 갭은 3.1억 원이었는데, 2020

약수하이츠

년 1월에는 9.5억 원이 되었습니다. 투자금을 고려하면 생각보다 가격 상승이 그다지 크지 않았습니다. 그렇다 해도 더블 역세권이라는 장점이 있어 관심을 가질 만한 단지입니다.

종로구

인구	15.2만 명
아파트 물량	29개 단지 / 1만 9,364세대
평균 평당 가격	2,533만 원
지하철 노선	1·3·4·5·6호선
주요 생활환경	관공서, 대사관, 고궁, 강북삼성병원
특징	서울 행정·문화의 중심지, 주요 관공서 밀집 지역

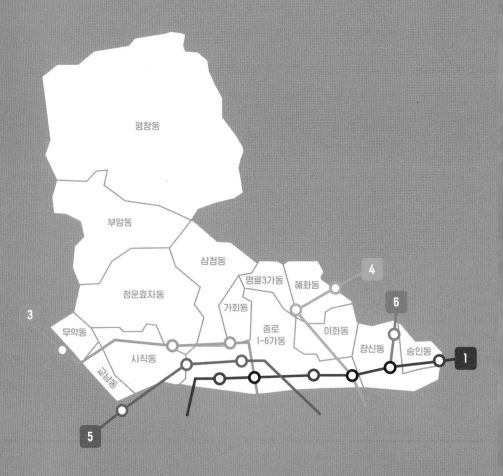

명실상부한 서울의 중심 종로구

서울에서도 전통적인 서울이라 할 수 있는 곳이 종로구죠. 조선 시대만 해도 한양이라고 하면 곧 종로였으니까요. 종로구는 서울 행정의 중심지이기도 합니다. '정치 1번지'라는 별명이 붙을 만큼, 국회가 있는 여의도를 제외하면 대한민국 주요 관공서가 종로구에 밀집되어 있습니다. 그러다 보니 정작 종로구청 건물은 1922년에 건축된 수송초등학교 건물을 여전히 사용하고 있지만요.

종로구에 얼마나 많은 관공서와 주요 기관이 있는지 한번 살펴볼까요? 모두가 아는 청와대를 비롯해 헌법재판소, 감사원, 주한미국대사관, 주한일본대사관, 동아일보, 세계일보, 연합뉴스 등 나열하자면 끝이 없을 정도입니다.

여기에 종로는 문화의 중심지이기도 했죠. 옛날이야기이긴 합니다만, 제가 어렸을 때만 해도 영화를 보려면 대부분 종로3가에 있는 단성사, 서울극장, 헐리우드극장으로 갔습니다. 광화문에 가면 교보문고가, 종각역에는 종로서적이 있어 수많은 사람들이 만나고 모였죠. 크리스마스 같은 때는 발 디딜 틈도 없을 만큼 인파가 넘치다 보니, 내 의지와 상관없이 밀려 걸어갈 정도였습니다.

서울대학교가 있던 곳이라 현재의 지명이 붙은 대학로는 한국 연극의 메카입니다. 이곳에서는 사시사철 각종 공연이 펼쳐집니다. 극장에서 볼 수 있을 뿐만 아니라 야외 곳곳에서 각종 공연을 감상할 수 있는 젊음의 거리죠. 또 경복궁, 창덕궁, 창경궁, 종묘까지 포함하면 볼거리도 넘쳐납니다. 종로구는 이처럼 서울 시내 중심이라는 표현이 결코 어색하지 않은 곳입니다.

그러다 보니 교통 여건도 좋습니다. 1·3·4·5·6호선이 통과해 사통팔달로 서울과 경기도 어느 곳이든 접근하기 편합니다. 하지만 가장 핵심 노선이라 할 수 있는 2호선이 없다는 점이 다소 아쉽습니다. 강남에서 종로로 곧장 갈 수 있는 대중교통편이 별로 없는 것도 불편하고요. 이로 인해 강남뿐만 아니라 분당에서 종로구로 가는 것은 생각보다 쉽지 않습니다. 이 점을 해소한다면 종로구는 지금보다 훨씬 좋아지고 다소 정체된 상권이 살아날 가능성도 있지 않을까 합니다.

종로구 인구는 15.2만 명으로 적은 편인데도 서울 중심지답게 동(洞)이 꽤 많습니다. 2018년 기준으로 아파트 29개 단지에 1만 9,364세대가 거주하고 있죠. 500세대 이상 아파트는 창신동에

3개, 무악동에 2개가 있습니다. 그 외에 명륜동, 사직동, 숭인동, 평동, 홍파동에 각각 1개 있고요. 아무래도 서울 시내 중심답게 거주할 수 있는 아파트가 적은 대신, 북촌처럼 예전부터 터를 잡고 살던 분들이 많습니다.

종로구 아파트의 평균 평당 가격은 2,533만 원으로 서울에서 10위입니다. 그중 대표적인 동네를 살펴보면 평동이 평당 4,940만 원으로 제일 비쌉니다. 홍파동 4,801만 원, 교북동 4,647만 원 순인데, 이곳은 전부 그 유명한 경희궁자이가 있는 동네입니다. 그 외에 무악동 3,162만 원, 사직동 2,896만 원, 청운동 2,578만 원, 내수동 2,560만 원, 숭인동 2,407만 원입니다. 여기서는 홍파동과 평동, 무악동, 창신동의 아파트를 살펴보겠습니다.

종로의 대장주가 위치한 홍파동·평동

홍파동과 평동은 다소 생소하실 수도 있습니다. 하지만 두 동네에 있는 아파트 이름은 한 번쯤 들어보셨을 겁니다. 바로 경희궁자이입니다. 2단지와 3단지는 나란히 있지만 행정구역상 각각 홍파동과 평동에 속하죠. 경희궁자이는 누가 뭐래도 종로구에서 가장 비싼 아파트입니다. 서대문역에서 보면 언덕 위에 아파트가 멋지게 서 있는 모습이 눈에 들어옵니다.

광화문에는 고소득 직장인들이 다니는 대기업이나 관공서가

경희궁자이

많습니다. 그런데도 주변에 괜찮은 신축 아파트가 없다 보니 멀리 다른 동네에서 출퇴근할 수밖에 없었습니다. 그러다가 2017년 경희궁자이가 생기면서 걸어서 출퇴근할 수 있는 직주근접 아파트가 등장한 것이죠.

단지에서 강북삼성병원도 걸어갈 수 있으니 선호도가 높은 것은 당연합니다. 직주근접은 물론, 문화적 혜택까지 도보로 누릴 수 있다는 사실만으로도 탐나는 아파트임에 분명합니다. 경희궁자이2단지와 3단지 84m²는 2018년 여름에 각각 평균 13.6억 원과 14억 원이었습니다. 그러다가 2020년 1월에는 각각 평균 17억 원과 16.5억 원이 되었습니다. 2단지와 3단지는 향후에도 서로 가격이 앞서거니 뒤서거니 하면서 함께 가지 않을까 싶네요.

인왕산 숲세권 무악동

경희궁자이에서 북쪽으로 올라가면 3호선 독립문역에서 가까운 무악동이 있습니다. 이곳에서 눈여겨볼 아파트는 인왕산현대아이파크1차와 무악현대입니다. 아파트 이름이 말해주듯 위로는 인왕산이 있고, 독립문역 길 건너편으로는 서대문형무소독립관과 독립공원이 있어 쾌적한 곳입니다. 인왕산현대아이파크1차는 2008년 입주했고 810세대가 거주합니다. 무악현대는 2000년에 입주해 964세대가 살고 있죠. 두 아파트 모두 독립문역 역세권입니다.

2018년 여름에 인왕산현대아이파크1차 84m²가 평균 9.3억 원, 무악현대는 같은 면적이 7.4억 원이었습니다. 2020년 1월에는 각각 평균 11억 원과 9억 원으로 상승했습니다. 참고로 2018년 여름 당시 갭은 각각 2.9억 원과 1.9억 원이었습니다.

인왕산현대아이파크1차

무악현대

동대문과 가까운 창신동

성북구 보문동과 맞닿은 창신동에서는 두산을 볼 필요가 있습니다. 529세대가 거주하는 세 동짜리 아파트입니다. 1·6호선 환승역인 동묘역까지 걸어갈 수 있죠. 경사가 있는 초입에 아파트가 위치한 데다, 바로 앞에 수영장을 갖춘 구민회관이 있습니다. 그리멀지 않은 곳에 창신초등학교가 있으며, 동대문 및 1·4호선 환승역인 동대문역까지 걸어서 갈 수도 있고요. 1999년 입주한 아파트지만 제 눈에는 여러모로 좋아 보입니다. 이곳 주민들 역시 편리한 대중교통 여건을 가장 큰 장점으로 꼽습니다.

두산

　이 단지는 84m²가 2018년 여름에 평균 6.5억 원, 갭이 1.7억 원이었는데, 2020년 1월에 평균 9억 원이 되었습니다. 투자금 이상으로 수익이 난 셈입니다. 동대문에서 자영업을 한다면 도보로 이동할 수 있는 두산을 주목하시기 바랍니다.

용산구

인구	22.9만 명
아파트 물량	89개 단지 / 2만 4,710세대
평균 평당 가격	3,636만 원
지하철 노선	1·4·6호선, 공항철도, KTX, ITX, 경의중앙선, 경춘선
주요 생활환경	이태원, 남산, 용산역
특징	용산 개발 호재

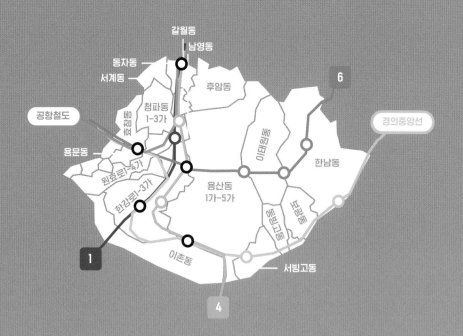

용산구는 오래전부터 주한미군 기지로 널리 알려진 곳이었습니다. 국방부와 전쟁박물관도 있어 언론에 자주 등장하는 지역이었고요. 대부분의 구가 그렇겠지만 용산구는 특히 곳곳에 한국 현대사의 흔적이 남아 있습니다.

저에게 '용산구' 하면 가장 먼저 떠오르는 것은 전자상가입니다. 그곳에서 각종 컴퓨터와 전자오락기를 비롯한 전자 제품을 살 수 있었거든요. 특히 주말이면 저렴한 가격으로 판매했기에 한 달에 한 번씩은 갔던 기억이 납니다. 용산 전자상가에 가면 서울, 아니 수도권의 남학생은 전부 여기 모인 것이 아닐까 할 정도로 발 디딜 틈이 없었죠.

좀 더 과거를 더듬어보니, 초등학생 때 효창운동장에서 어린이날 기념행사를 했던 것도 기억이 납니다. 당시는 그런 행사와 장소가 드물 때여서 더욱 기억에 남는 것인지도 모르겠습니다.

아무래도 주한미군이 오랫동안 주둔한 동네인지라, 용산 근처인 이태원은 서울 안의 외국이었습니다. 분명 서울인데도 돌아다니면 외국어가 더 많이 들렸죠. 해외여행을 쉽게 할 수 없었던 시절만 해도, 영어 공부에 열정을 지닌 사람들이 이태원에 가서 지나가는 외국인에게 말을 걸며 공부할 정도였으니까요.

이처럼 과거에도 유명했지만, 용산구는 앞으로의 변화가 더 기대되는 곳입니다. 주한미군이 사용하던 땅을 서울의 허파라고 할 수 있을 만큼 거대한 숲으로 조성하는 개발 계획이 예정되어 있기 때문입니다. 마치 미국 뉴욕의 센트럴파크처럼 서울 한가운데를 가로지르는 대형 공원이 들어서는 것이죠. 녹지 공간뿐만 아니라 다양한 박물관, 기념관, 야외 스포츠 공간이 들어선다고 하니, 그야말로 용산이 완전히 탈바꿈할 것 같습니다.

용산구에서도 한남동은 과거부터 꾸준히 재개발 이야기가 나오면서 최고 명당이라는 말이 있을 정도입니다. 흔히 한강 조망권이라는 표현을 하는데, 한강 남쪽에서 북쪽보다는 북쪽에서 남쪽을 바라보는 것이 진정한 조망권입니다. 이런 면에서 용산구에 있는 남향 아파트에서 바라보는 한강 조망권을 뛰어넘을 곳은 없을 듯합니다. 살짝 아쉬운 점은 교통이 다소 불편하다는 것 정도입니다. 현재 1·4·6호선과 용산역에서 출발하는 KTX, ITX, 경의중앙선과 공항철도가 있기는 하지만 말이죠.

용산구 인구는 22.9만 명입니다. 주택보다는 상업 시설이 많아 인구가 적은 편입니다. 2018년 기준으로 89개 단지에 2만 4,710세대가 아파트에 거주합니다. 용산구 아파트 평균 평당 가격은 3,636만 원으로, 서울에서 3위에 해당합니다. 강남구, 서초구 다음이죠. 용산동이 평당 4,661만 원으로 가장 높고, 다음으로 이촌동 4,307만 원, 신계동 4,110만 원, 보광동 3,870만 원 순입니다. 그 외에도 여러 동이 있지만 용산에서는 여기까지만 살펴보면 될 듯합니다.

일반 아파트라 하기엔 어렵지만 용산구에서는 한남더힐이 최고 평당 7,640만 원으로 제일 비쌉니다. 그다음으로는 이촌동에 있는 래미안첼리투스가 최고 평당 7,000만 원입니다.

용산구에는 500세대 이상인 아파트 수가 매우 적습니다. 이촌동이 가장 많은데, 11개 단지가 있습니다. 도원동, 산천동, 서빙고동, 신계동, 이태원동, 효창동에 각 1개 단지만 있고요. 평당 가격이 워낙 높아서 그렇지, 막상 주의 깊게 살펴볼 아파트가 상대적으로 적은 편입니다.

서울에서 가장 글로벌한 이태원동

용산구에서 가장 유명한 곳이 이태원동 경리단길입니다. 남산2호터널과 3호터널의 갈림길쯤에 남산대림이 있습니다. 400세대가 거주하지만 살펴볼 가치가 있는 5층짜리 아담한 아파트입니

남산대림

다. 엘리베이터가 없어 아이들을 키우기는 살짝 불편함이 있지만, 근방인 남산과 이태원을 쉽게 다닐 수 있다는 장점이 있습니다. 또 명동과 종로, 광화문은 물론 강남 접근성도 좋고요. 서울 도심 한복판에 있으면서도 조용하고 한적한 분위기가 남산대림의 매력입니다.

1994년 입주한 이 아파트는 2018년 여름에 평균 11억 원이던 매매 가격이 2020년 1월에 13억 원이 되었습니다. 재건축 이야기가 나오긴 하지만, 언제 될는지는 모르는 일입니다. 좀처럼 매물이 나오지 않는 단지라, 이곳에 관심이 있다면 자주 살펴보는 것이 가장 좋겠죠.

아파트 단지가 하나의 동네인 도원동

도원동은 마포구라 착각할 만한데, 용산구입니다. 재미있게도

도원삼성래미안

도원삼성래미안이 동 면적 전체를 차지합니다. 2001년 입주한 아파트로 1,458세대가 살고 있죠. 경의선공원이 있어 산책하기 아주 좋고, 그 길을 따라가면 홍대까지 걸어갈 수 있습니다. 아파트에서 조금만 더 걸어간다면 경의중앙선과 공항철도는 물론이고 5·6호선까지 이용할 수 있는 공덕역도 있고요. 84m²가 2018년 여름 평균 8.4억 원, 2020년 1월 11.4억 원이었습니다. 이 정도면 숨어 있는 강자라고 해도 될 것 같습니다.

전통적인 부촌이자 재건축이 활발한 이촌동

용산구에서는 역시 이촌동을 살펴봐야겠죠. 오래전부터 부촌 이미지가 워낙 강한 곳입니다. 이촌동은 대부분의 면적이 한강에 걸쳐 있어, 지도를 보면 마치 섬 같습니다. 아래로는 한강이 있고

위로는 경의중앙선이 지나가죠. 교통은 이렇다 할 것이 없지만, 버스로 어느 곳이든 갈 수 있다고 주민들은 이야기하더군요. 이촌동의 대장주는 래미안첼리투스입니다. 2015년 입주해 460세대가 살고 있는 이곳은 1:1 재건축을 성공적으로 이끌어 유명한 아파트이기도 하죠.

사실 이촌동은 거의 대부분 재건축이 언급되는 동네라 뜨거운 감자와 같은 곳입니다. 653세대인 현대맨숀은 750세대로 리모델링을 추진하는 곳입니다. 2020년 1월 84m²가 15억 원이었습니다. 그 외에 가장 대단지로 2,036세대나 되는 한가람(2020년 1월 기준 평균 17억 원)을 비롯해 강촌(17억 원), 코오롱(17억 원), 한강대우(17.5억 원), 우성(약 14억 원)도 리모델링을 추진 중입니다.

한강맨션은 최고 5층에 660세대가 거주하는 곳입니다. 1971년 입주한 이곳 역시 재건축이 추진되고 있지만 지지부진합니다. 도로에 맞닿아 있는 일부 동에 상가가 형성되었는데, 권리금이 존재

하면서 재건축할 때 이 부분을 인정할 것인가가 어려운 문제죠. 분리해서 재건축하자는 이야기도 나오지만, 어떻게 될지는 두고 봐야 알 것 같습니다. 참고로

현대맨숀

2020년 1월에 전용 101m²가 평균 26억 원이었습니다.

끝으로 이름부터 화려한 왕궁맨션은 현재 1:1 재건축을 추진 중입니다. 세대수가 250세대로 좀 적긴 합니다. 1974년에 입주했으니 아주 오래된 아파트죠. 과거에 래미안첼리투스와 함께 재건축하려다 실패하고 못다 한 꿈을 이루려 노력하고 있는데, 이 역시 결과는 두고 봐야 알겠습니다. 참고로 2020년 1월에 전용 102m²가 평균 18억 원이었습니다.

왕궁맨션

용산구의 전통적인 강자 서빙고동

이촌동은 아니지만 바로 옆에 있는 신동아도 눈여겨볼만합니다. 1983년에 입주해 1,326세대가 거주하고 있죠. 제일 작은 면적이 전용 96㎡일 정도로 중·대형으로만 구성되어 있습니다. 탁 트인 한강을 멋지게 감상할 수 있고요. 전통적인 부촌 지역이라 아무래도 젊은 세대보다는 노년층 거주 비율이 높습니다. 지하주차장이 없는 점이 조금 아쉽긴 하지만, 전반적으로 조용하고 연식에 비해 관리가 잘 된 곳입니다. 용산가족공원, 한강공원도 가깝고요.

현재 이곳은 재건축을 추진 중입니다. 대개 재건축 예정인 아파트는 전세 가격과 매매 가격의 차이가 상당히 큽니다. 재건축을 통해 기대되는 신축의 가격이 미리 반영되었기 때문이죠. 거기에 재건축이 추진된다는 것은 건물이 오래되었다는 뜻이지만, 그 아파트 입지가 좋다는 뜻이기도 합니다.

신동아는 전용 95㎡가 2018년 여름에 평균 15.5억 원이었다가

신동아

2020년 1월에 평균 19억 원이 되었습니다. 아무래도 전통적인 부유층은 물론이고 고위 공무원을 비롯한 사회 지도층 인사들이 많이 거주하는 곳이라 언젠가는 재건축이 되지 않을까 합니다.

매매 가격이 아닌
투자 금액으로 물건을 찾아라

아파트 투자 방법 중 가장 널리 알려진 것은 '갭 투자'입니다. 갭, 그러니까 매매 가격과 전세 가격의 차액만큼만 지불해 아파트를 사는 거죠. 예를 들어 매매 가격이 1.8억 원인 아파트의 전세 가격이 1.6억 원이라면 2,000만 원으로 이 아파트를 매수할 수 있습니다. 만약 이 아파트의 매매 가격이 2억 원으로 오른다면, 2,000만 원을 투자해 2,000만 원의 수익을 올린 셈이 됩니다. 적은 금액이라도 수익률로는 2배나 되니 만족스러운 투자죠. 이는 한국에만 존재하는 전세 제도를 이용한 것입니다.

그 전까지만 해도 사람들은 아파트를 사려면 많은 돈을 갖고 있어야 한다고 생각했습니다. 그러다가 갭 투자를 활용하면 적은 돈으로도 부동산에 접근할 수 있다는 것을 깨닫고 많은 사람들이 여기에 뛰어들었습니다. 특히 갭 투자가 유행할 때 가장 각광받았던 것은 소형 아파트입니다. 주로 갭이 5,000만 원 미만인 아파트에 대한 선호도가 높았습니다. 당시 사람들이 가장 많이 매수한 물건은 매매 가격과 전세 가격이 2,000만 ~3,000만 원 정도 차이 나는 아파트였죠.

여기서 반드시 알아야 할 사실이 있습니다. 내가 매수하는 아파트의 거래 가격보다는, 투입하는 금액을 중요하게 봐야 한다는 것입니다. 특히 가격이 상승할 때는 수익금보다는 상승률을 살펴볼 필요가 있습니다. 상승기에는 지역이나 단지와 상관없이 상승률이 대부분 비슷하거든요. 예를 들어 매매 가격이 2억 원인 아파트가 10% 상승하면 2.2억 원이 됩니다. 4억 원인 아파트가 10% 상승하면 4.4억 원이 되겠죠. 똑같이 10% 상승해도 비싼 아파트일수록 상승한 액수는 훨씬 더 큽니다. 이 사실을 깨닫는 것이 중요합니다.

또 다른 예를 들어보겠습니다. A아파트는 매매 가격이 3억 원, 전세 가격은 2억 원입니다. B아파트는 매매 가격이 5억 원, 전세 가격은 4억 원입니다. 전세를 끼고 매수한다면, 두 아파트 모두 실제로 투자하는 금액은 1억 원입니다. 그럼 어느 아파트를 사는 것이 현명할까요?

대부분의 사람들은 하나를 고르라면 3억 원인 A아파트를 선택합니다. 매매 가격이 5억 원이라는 것을, 곧 내 돈 5억 원을 지불하는 것이라고 생각하거든요. 그러나 매매 가격과 전세 가격 차액이 같다면 이때는 무조건 비싼 아파트를 매수하는 것이 맞습니다. 내가 실제로 투입하는 금액을 바탕으로 판단하라는 뜻입니다.

A아파트와 B아파트 모두 어차피 투입하는 금액은 똑같이 1억 원입니다. 실제로 투자할 때 취득세 등의 부대 비용을 고려하면, 매매 가격이 더 높은 B아파트에 더 많은 돈이 투입되는 것은 분명히 맞습니다. 그럼에

도 그 정도는 기꺼이 감수하면서 A아파트보다는 B아파트를 매수해야 합니다. 왜냐하면 둘 다 매매 가격이 10%씩 상승한다면 A아파트는 3억에서 3.3억 원이, B아파트는 5억 원에서 5.5억 원이 됩니다. 투자 금액은 1억 원으로 같은데도 시세 차익이 달라지는 것입니다.

실제 사례를 가지고 살펴볼까요? 2018년 여름에 노원구 상계주공7단지 59㎡가 평균 4.7억 원, 성북구 삼선동 삼선SK뷰 84㎡가 평균 7.5억 원이었습니다. 상계주공7단지가 훨씬 더 저렴하죠. 당시 매매 가격과 전세 가격의 차이는 각각 2.45억 원과 2.2억 원으로, 삼선SK뷰가 더 적었습니다. 시간이 지나 2020년 1월에 매매 가격은 상계주공7단지가 평균 5.8억 원, SK뷰는 평균 10.5억 원이 되었습니다. 갭이 더 적었던 삼선SK뷰의 시세 차익은 3억 원, 갭이 더 크지만 매매 가격은 저렴했던 상계주공 7단지의 시세 차익은 1.1억 원이 된 거죠.

이처럼 갭 금액은 같아도 매매 가격이 단순히 10%씩 오른다면, 더 비싼 아파트가 상승 금액이 더 큽니다. 바로 이런 이유에서 매매 가격이 아닌 투자 금액을 봐야 합니다. 그렇지 않으면 훨씬 더 큰 기회를 눈앞에서 놓칠 수 있습니다. 광진구 광장동 광장힐스테이트는 2018년 여름에 평균 매매 가격이 12억 원, 갭은 2억 원이었습니다. 이 아파트가 2020년 1월에는 17.3억 원이 되었죠. 2억 원을 투자해 5.3억 원을 벌어들인 셈입니다.

다시 한번 말씀드리지만, 가격 상승률은 비슷할 수 있어도 상승 금액은 다르다는 점을 기억하시기 바랍니다. 취득세 등의 부대 비용을 생각하면 실제 비용은 더 많이 들어가겠지만, 투자할 금액이 1억 원이라면, 1억 원이라는 기준 안에서 여러 아파트를 전부 조사해 투자 대상을 찾아야 합니다. 거래 금액이 적은 것만 생각하지 말고 비싼 아파트라도 똑같이 찾아볼 필요가 있습니다. 중요한 것은 자신이 실제로 투자하는 금액이니 말입니다.

한국인은 왜 아파트를 선호할까

한국인의 아파트 사랑은 유독 대단합니다. 그렇다고 한국에만 아파트가 있냐고 묻는다면, 그건 아닙니다. 다른 나라에도 아파트는 있지만, 한국의 아파트가 외국과 다른 점은 '단지'라는 특징입니다. 다른 나라의 아파트는 대부분 한 동짜리인 경우가 대다수고 기껏해야 몇 동이 모여 있을 뿐입니다. 하지만 한국은 대단지라는 점이 가장 큰 차이죠. 이 점이 아파트를 그토록 선호하는 이유이자 핵심입니다.

단독주택에 살아보신 분들은 아실 겁니다. 모든 것을 스스로 관리하고 챙겨야 한다는 것을요. 겨울에 눈이 오면 집 앞을 쓸어야 하는 것은 물론, 이런 저런 문제가 생겼을 때 직접 해결해야 하죠.

신경 쓸 일이 많기는 빌라도 마찬가지입니다. 단지형 빌라가 아니라면 거주자들이 자발적으로 건물 주변을 꾸미거나 환경에 신경 쓰는 경우가 좀처럼 없습니다. 계단이 지저분해도 누구 하나 신경 쓰지 않는 경우도 많고요. 그나마 최근에는 관리비를 모아 청소업체에 맡기는 빌라도 많아지는 추세지만, 아파트와 비교할 바가 아니죠. 또 배관이나 누수 등 문제가 생겨 공동으로 해결하려 해도, 직접적인 피해를 입지 않은 세대는 "내가 왜 돈을 내야 하냐?"라며 비협조적인 경우도 많습니다.

아파트는 그런 면에서 편리합니다. 관리비를 걷고 관리사무소에서 이런 문제를 해결하니 거주자 입장에서는 자잘하게 신경 쓸 일이 없습니다. 또 아파트에 살면 단지 내에 있는 다양한 시설을 이용할 수 있습니다. 주차장은 물론이고 피트니스 시설, 수영장, 도서관, 카페 등 여러 편의 시설이 들어서 있습니다. 그야말로 단지 밖으로 나가지 않고도 집에서 웬만한 것을 해결할 수 있게 되는 거죠. 최근 사람들이 신축 단지를 선호하는 것 역시 이와 관련 있습니다.

게다가 우리나라는 사계절이 뚜렷해서 더운 여름과 추운 겨울의 온도 차가 40~50℃에 달합니다. 사계절을 다 버틸 만한 집을 짓는 건축 기술에 온돌 마루까지 갖춘 아파트는 확실히 겨울에는 따뜻하고 여름에는 시원합니다. "다 똑같이 생긴 답답한 콘크리트 건물에 사는 것이 무엇이 좋아?"라고 이야기하던 어르신들도, 막상 아파트에 거주하면 너무 편하고 쾌적해 이사 오길 잘했다는 이야기를 하십니다.

앞서 언급한 것처럼 한국 아파트에는 대규모 세대가 함께 모여 거주합니다. 어떤 단지는 1만 세대나 됩니다. 4인 가족이라면 무려 4만 명입니다. 거주 인구가 많으니 각종 커뮤니티와 기반 시설은 물론이고 상업 시설까지 근처에 몰려듭니다. 이로 인해 대부분 아파트가 위치한 곳은 해당 지역에서 입지가 좋은 곳일 가능성이 큽니다.

여기에 아파트는 면적이 규격화되어 있습니다. 보통 전용면적 59㎡는 18.1평을 의미하고 84㎡는 25.7평을 의미합니다. 전용면적은 현관부터 실제로 내가 쓰는 집 내부를 말하며, 발코니는 포함하지 않습니다. 공급면적은 분양면적이라 보면 되는데, 전용면적에 계단, 복도, 공동 현관 등을 포함하죠. 계약면적은 추가로 기타 공용면적(기계실, 설비실, 정화조 등)과 주차장을 포함합니다. '베이(bay)'라는 표현도 쓰는데, 이는 벽과 벽 사이 공간을 의미합니다. 좌우로 3베이라면 공간이 3개 나온다는 거죠. 같은 면적이라도 베이가 많을수록 공간 활용도가 높고 집 내부가 넓어 보입니다.

아파트는 면적뿐만 아니라 가격을 비롯한 다른 많은 부분에서도 규격화되어 있습니다. 만약 여러분이 당장 관심 있는 아파트에 대해 알아보고자 한다면, 굳이 현장을 방문하지 않아도 그 즉시 인터넷을 통해 알아볼 수 있죠. 몇 세대가 입주해 있는지부터 주차는 몇 대까지 가능한지, 몇 년도에 준공했는지, 면적별로 몇 세대가 있으며 어느 정도 금액에 거래되는지, 동별 채광 상태는 어떠한지 등을 모두 파악할 수 있습니다.

여기에 주변 기반 시설은 무엇이 있고, 학부모들이 제일 궁금해하는 주변 학군과 학급당 학생 수까지 상세하게 알 수 있죠. 아마도 이런 사전 조사는 한국의 주택 유형 중 아파트만이 가능하지 않을까 합니다.

물론 이렇게 아파트 정보가 가감 없이 공개되다 보니, 이로 인해 단지 주민들의 소득수준이 자연스럽게 노출되며 사회문제가 나타나기도 합니다. 뜻하지 않게 어느 아파트에서 사느냐가 그 사람을 나타내며, 끼리끼리 문화가 형성되는 분위기도 있고요. 반면 그 덕분에 비슷한 사람들과 함께 거주한다는 안정감도 분명히 있습니다.

이런 점에서 대한민국 중산층이 가장 선호하는 주택이 아파트라는 것은 부정할 수 없는 사실입니다. 중산층은 언제나 더 잘 살기 위한 욕망을 가지며, 이를 실현하기 위해 노력합니다. 결국 한국 사회에서는 성공과 노력을 대변하는 척도가 아파트가 되어버렸습니다. 자신을 나타내는 데 있어 이보다 더 정확하고도 확실한 지표는 없다는 거죠.

이제 대한민국에서 아파트는 단순한 주택이 아닙니다. 사회가 발달하고 기술이 발전할수록, 아파트에 대한 우리 사회의 선호도는 더욱 높아질 것으로 보입니다. '누구나 살고 싶은' 아파트가 되는 거죠.

따라서 앞으로도 아파트는 한국에서 주택 가격 상승을 주도하며 인간 욕망의 집합체가 될 것으로 보입니다. 누가 뭐래도 실거주와 투자를 함께 만족시키는 보기 드문 자산의 성격도 계속 유지할 테고요. 그러니 아파트는 앞으로도 영원할 겁니다.

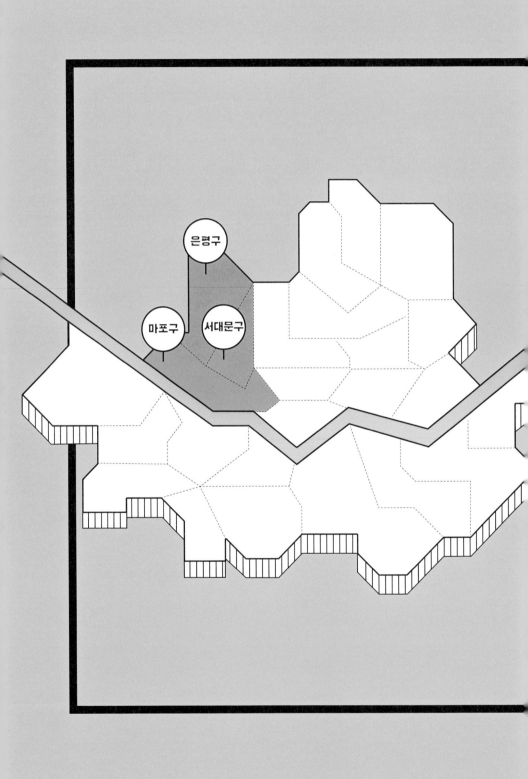

PART 3

서북권

마포구
서대문구
은평구

마포구

인구	37.4만 명
아파트 물량	155개 단지 / 5만 5,731세대
평균 평당 가격	2,872만 원
지하철 노선	2·5·6호선, 공항철도, 경의중앙선
주요 생활환경	홍대·합정 상권, 경의선숲길, 난지한강공원
특징	강북의 신흥 강자, 직주근접 극대화

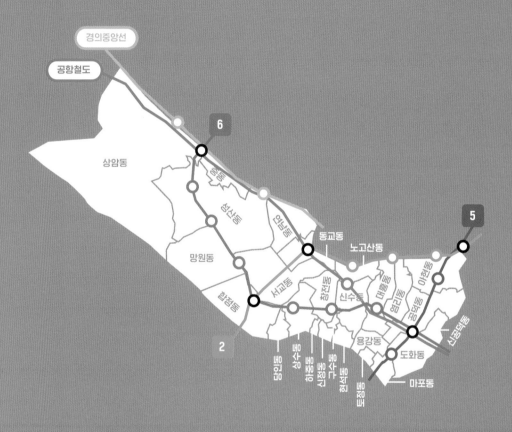

강북의 중심으로 자리 잡은 마포구

마포구는 과거부터 한강 나루터로 남과 북을 이어주는 역할을 하던 마포가 있어 현재와 같은 이름이 붙었습니다. 서울 25개 구에서 한강을 가장 많이 접하는 마포구는 동서로 한강을 끼고 있습니다. 과거에는 버스를 타고 종로 등으로 나갈 때 여의도에서 마포대교를 거쳐 충정로까지 가는 길만 마포라고 봤습니다. 지금은 마포가 좌우로 넓게 펼쳐지면서 주목받는 지역이 많습니다. 최근 마포라고 하면 제일 먼저 떠올리는 곳은 공덕동 근방입니다.

트렌드를 주도하고 젊은 사람들이 가장 많이 몰리는 홍대와 합정이 바로 마포구에 있습니다. 30년 전만 해도 홍대 상권은 지금과 같은 위상을 보여주지는 못했죠. 오히려 신촌에서 갈 데가 없을 때 홍대까지 넘어갔던 기억이 있습니다. 지금은 주말은 말할 것도 없고 평일에도 10대와 20대는 물론, 외국인까지 가득합니다. 특히 주말이면 홍대 거리에서 각종 공연이 펼쳐지면서 사람들을 끌어들이는 집객 효과는 대한민국 최고라고 할 수 있죠.

그런가 하면, 2002년 월드컵이 개최되면서 쓰레기 처리장이던 난지도를 메워 공원으로 조성하고 경기장을 만든 후 살기 좋아진 상암동도 있습니다. 지금은 각종 방송국이 들어서 TV에 자주 나오는 장소가 되었습니다.

마포구에는 출판사도 많이 몰려 있습니다. 홍대 근처에 몇백 개나 되는 출판사가 모여 있어 저도 출판사와 미팅을 가질 때 자주 이곳을 찾습니다. 출판사가 이 일대에 모여든 것은 구청에서 출판사에 대한 세제 혜택 등을 주기도 했고, 임대료가 저렴했기 때문입니다. 하지만 아이러니하게도 이제는 비싼 동네가 되었죠.

마포구는 '마용성(마포·용산·성동)'이라 불릴 만큼 부동산으로 가장 화제가 되는 곳 중 하나입니다. 그만큼 교통편이 무척 좋습니다. 마포대교를 넘어가면 여의도, 북으로 올라가면 광화문과 종로입니다. 서울역도 가깝고요. 전철도 2·5·6호선이 지날 뿐 아니라 경의중앙선과 공항철도역이 위치합니다.

여기에 새 아파트가 많이 건축되면서 가격 상승을 주도하고 있죠. 사람들에게 잘 알려지지 않았지만, 거실에서 한강을 볼 수 있는 아파트가 많습니다. 가격을 들으면 깜짝 놀랄 정도로 비싼 곳도 많습니다.

마포구 인구는 37.4만 명입니다. 상업 시설이 많고 새로운 아파트가 계속 건축되고 있으며 곳곳에서 재건축·재개발이 추진 중입니다. 마포구에는 2018년 기준으로 아파트 155개 단지 5만 5,731세대가 거주합니다. 500세대 이상 아파트는 총 38개 단지입니다. 상암동이 10개 단지로 제일 많고, 공덕동이 6개, 성산동·창전동이 각 4개, 아현동·염리동·용강동이 각 3개입니다. 대흥동·상수동·신공덕동·중동·현석동이 각 2개이고 신정동·연남동·토정동·하중동이 각 1개입니다. 아마 이름을 처음 들어보시는 동도 있을 듯합니다.

마포구 아파트 평균 평당 가격은 2,872만 원으로 서울에서 6위입니다. 용강동이 평당 4,186만 원으로 제일 높습니다. 그 뒤를 이어 아현동이 3,838만 원, 상수동이 3,689만 원입니다. 많이 알려진 공덕동은 의외로 평당 3,612만 원으로 의외로 4위네요. 그 밖에 하중동 3,581만 원, 토정동 3,580만 원, 현석동 3,544만 원, 염리동 3,405만 원, 대흥동 3,254만 원, 신공덕동 3,155만 원 순입니다. 아현동에 있는 마포래미안푸르지오가 최고 평당 5,300만 원으로 마포구에서 제일 비싼 아파트입니다. 그럼 강북의 떠오르는 신흥 강자 마포구 아파트를 하나씩 살펴볼까요?

직주근접 효과가 두드러진 상암동

상암동은 몇 년 전부터 MBC, SBS, JTBC, YTN, CJ E&M 등 방

송국과 LG유플러스, KT&G 등 대기업이 들어서며 도보 직주근접
이 극대화된 곳이죠. 그 때문인지 상암월드컵파크4·5단지가 제일
비쌉니다. 길만 건너면 직장에 갈 수 있는 위치니까요. 2018년 여
름에 84m² 기준 4단지는 평균 8.7억 원, 5단지는 8.5억 원이었습니
다. 2020년 1월에는 4단지가 평균 10억 원, 5단지는 9.8억 원이었
습니다.

사실 상암월드컵파크는 12단지까지 있는데, 교통이 다소 불편
합니다. 공항철도, 경의중앙선과 6호선인 디지털미디어시티역이
있지만 아쉽습니다. 정작 중요한 지역을 운행하는 노선은 아니기

상암월드컵파크5단지

상암월드컵파크4단지

때문입니다. 물론 6호선에서 네 정거장만 더 가면 2호선 합정역으로 갈 수 있긴 하지만 말이죠. 그런 이유 때문인지 생각보다 가격 상승 폭은 그리 크지 않습니다.

재건축이 기대되는 성산동

상암동 옆 성산동에는 성산시영이 있습니다. 유원·선경·대우 건설에서 지은 아파트로 3,710세대나 됩니다. 1986년 입주한 구축이라 현재 재건축이 진행되고 있죠. 6호선 월드컵경기장역이 바로 근처인 만큼 재건축이 된다면 가치가 높아질 것은 분명합니다.

세 단지 모두 시영인지라 대부분 전용면적 50㎡대입니다. 그나마 유원이 전용 59㎡로 제일 크고, 선경과 대우는 전용 50㎡입니다. 각 아파트는 단일 면적으로만 구성되어 있습니다. 2018년

성산시영

여름에 대우가 평균 5.3억 원, 선경이 5.4억 원, 유원이 6.3억 원이 었습니다. 2020년 1월에는 대우가 평균 8.5억 원, 선경이 8억 원, 유원이 10억 원이 되었죠. 최근 세 단지 모두 안전 진단 통과에 따른 재건축 기대 효과로 가격이 급격히 상승했습니다.

경의선숲길공원과 가까운 연남동

경의선숲길공원이 유명해지면서 코오롱하늘채도 주목받았습니다. 2003년에 입주해 518세대가 살고 있죠. 공원을 따라 아파트가 들어서 있고, 연남동 상권의 혜택을 누릴 수 있어 관심을 많이 받았습니다.

하지만 실제 거주하는 주민 입장에서는 꼭 좋지만은 않습니다. 이 일대를 찾는 유동 인구가 많아 소음이 크거든요. 그러다 보니 조용히 해달라고 쓰인 플래카드가 곳곳에 붙어 있을 정도입니다.

코오롱하늘채

마포의 중심 공덕동·신공덕동

　공덕동은 원래 마포구에서 제일 유명한 동네 중 하나였습니다. 여의도에서 서울역으로 가는 중심 도로에 있으니 말이죠. 공덕동에는 공덕래미안이 1차부터 5차까지 있습니다. 1차는 공덕역에서 가장 가깝고, 3차는 대로변에서 가장 가까우며, 5차는 2011년 입주해 가장 신축이라는 특징이 있죠.

　2018년 여름에 1차 84m²가 평균 9.1억 원, 3차가 11억 원, 5차가 11.5억 원이었습니다. 2020년 1월에는 1차가 평균 13억 원, 3차가 14억 원, 5차가 14.5억 원 정도로 상승했습니다. 공덕역에서 가장 가까운 1차의 선방이 가장 눈에 띄네요. 향후 가장 신축인 5차와 대로변에서 가까운 3차가 이 차이를 벌리게 될까요.

　한편 신공덕동에서는 5·6호선 더블 역세권인 공덕역에서 가

공덕래미안5차

까운 신공덕삼성래미안1차를 눈여겨볼 만합니다. 2000년에 준공된 아파트니 이제 20년이 되었네요. 2018년 여름 기준 9억 원에서 2020년 1월에는 12.5억 원이 되었습니다. 화제의 중심에 있는 아파트인 만큼 상승세가 대단합니다.

신공덕삼성래미안

마포의 숨은 강자 염리동·용강동

사람들에게 많이 안 알려져 있지만, 비슷한 입지에 모여 있는 염리동 마포자이와 용강동 e편한세상마포리버파크, 래미안마포리버웰 84m²의 가격도 상당합니다. 앞서 용강동이 마포구에서 평당 가격 1위라고 말씀드렸던 것을 기억하시나요? 2018년 여름에 84m² 기준 마포자이는 평균 11.5억 원, e편한세상마포리버파크가 13억 원, 래미안마포리버웰이 13.5억 원이었습니다.

확실히 생각보다 가격이 비쌉니다. 5호선 마포역이 근처에 있고 여의도에서 좀 더 가까우며 한강 조망도 가능하다는 점 때문인 듯합니다.

　　2020년 1월에는 마포자이가 평균 14.7억 원, e편한세상마포리버파크가 평균 16억 원, 래미안마포리버웰이 평균 16.5억 원이 되었습니다. 마포구에서 2010년대에 입주한 비교적 신축 아파트라면 대체로 이 금액대에서 거래됩니다.

마포자이

래미안마포리버웰

강북의 핫 플레이스 아현동

현재 가장 주목받고 있는 아현동입니다. 이곳은 '마래푸'라 불리는 마포래미안푸르지오를 필두로 공덕자이, 아현아이파크까지 모두 2010년대 중·후반에 입주한 신축입니다. 마포래미안푸르지오는 무려 3,885세대나 되는 대단지인데, 어느덧 강북의 대표 아파트처럼 인식되고 있죠. 한때는 미분양도 있었는데 말입니다.

84m²가 2018년 여름 평균 14억 원이었는데, 2020년 1월에는 평균 16.5억 원이 되었습니다. 이렇게 놓고 보면 생각보다 가격 상승 폭이 크지 않다고 생각하실 수도 있을 겁니다. 좀 더 과거를 살펴보면, 2017년 10월 매매 가격은 평균 9.4억 원이었습니다. 즉 2.5년 만에 약 7억 원이 상승한 것이죠. 그야말로 '후덜덜'하다고 표현할 정도로 가격 상승 폭이 큽니다.

공덕자이와 아현아이파크는 대로변을 사이에 두고 마포래미

공덕자이

마포래미안푸르지오

안푸르지오 건너편에 있습니다. 공덕자이는 1,164세대, 아현아이파크는 497세대죠. 84m² 가격을 비교하면 2018년 여름에 각각 12.5억과 12억 원이었습니다. 2020년 1월에는 평균 15.5억과 14.5 원이 되었고요. 5호선 애오개역에서 보다 가깝고 대단지인 공덕자이의 가격이 좀 더 높은 것을 알 수 있습니다.

서대문구

인구	31만 명
아파트 물량	89개 단지 / 3만 8,750세대
평균 평당 가격	2,214만 원
지하철 노선	2·3·5호선, 경의중앙선
주요 생활환경	대학교 밀집, 신촌세브란스병원, 안산, 백련산
특징	같은 구 안에서도 편차가 심함

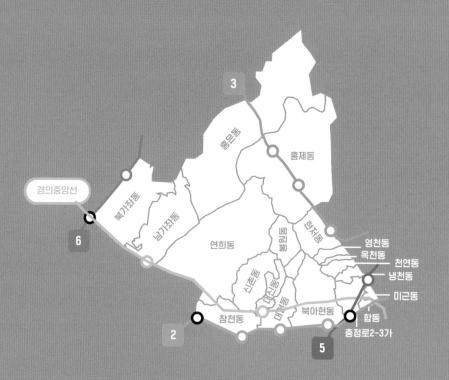

대학가와 주택가가 공존하는 서대문구

　사실 서대문구에는 서대문이 없습니다. 동대문이 동대문구에 없고 다른 구에 있는 것과 달리, 서대문은 일제강점기에 아예 철거되었습니다. 지금은 동네를 가리키는 지명으로만 남아 있을 뿐이죠. 서대문구는 서울 최초의 7개 구 중 하나일 정도로 오래되어서인지 서대문구에서 분리된 구가 많습니다. 그 때문에 지금의 서대문구 면적은 좁은 편이고, 가운데 산이 있어 주택 지구는 북, 서, 남으로 구분되어 있습니다.

　지금은 많이 쇠락했지만, 오랜 세월 동안 젊은이의 거리로 유명했던 신촌이 바로 서대문구에 있습니다. 그만큼 서대문구는 대학가로 유명합니다. 연세대학교, 이화여자대학교, 명지대학교, 경기대학교 서울캠퍼스, 추계예술대학교 등 대학이 유독 많죠. 서대문구 지도를 보면 대학교가 차지하는 면적이 넓은 것을 확인할 수 있습니다.

서대문구는 위쪽으로 홍은동과 홍제동, 서쪽으로 남가좌동과 북가좌동, 남쪽으로는 아현동 등이 있습니다. 이곳도 서대문구인가, 라는 생각이 들 정도로 동떨어진 느낌이 나는 곳도 있죠. 앞에서 언급한 것처럼 구 가운데에 산과 대학이 자리를 차지하고 있어 단절 효과가 있습니다. 게다가 서대문구 곳곳에서 재건축과 재개발이 이루어지고 있고, 새 아파트가 들어서는 중이라, 갈 때마다 완전히 다른 느낌이 들죠.

31만 명이 거주하는 서대문구에는 2·3·5호선, 그리고 경의중앙선이 지나갑니다. 지하철이 서대문구를 남북으로 가르며 운행하는데, 남가좌동과 북가좌동에는 다니지 않아 다소 불편합니다.

서대문구에는 2018년 기준으로 89개 단지 3만 8,750세대의 아파트가 있습니다. 500세대 이상 아파트는 총 31개 단지입니다. 홍제동이 7개 단지로 제일 많고, 그다음으로 많은 것이 홍은동과 남가좌동으로 5개 단지입니다. 북가좌동에는 4개 단지, 북아현동에는 3개 단지, 연희동에는 2개 단지가 있습니다. 그 외에 냉천동, 대현동, 영천동, 천연동, 현저동에 각각 1개 단지가 있고요.

서대문구의 아파트는 평균 평당 2,214만 원으로 서울에서 12위입니다. 새 아파트가 많이 들어선 북아현동이 3,969만 원으로 가장 높습니다. 다음으로 합동 2,895만 원, 냉천동 2,883만 원 순이고, 천연동 2,672만 원, 현저동 2,508만 원입니다. 새 아파트가 많이 밀집된 남가좌동은 2,228만 원, 북가좌동 2,058만 원으로 생각보다 평당 가격이 높지 않습니다. 서대문구에서 가장 비싼 아파트는 평당 가격 5,160만 원인 북아현동의 e편한세상신촌입니다.

배산임수 지형인 홍은동

홍은천을 따라 위치한 홍은동에서는 2017년에 입주한 북한산더샵이 가장 신축입니다. 552세대가 살고 있으며 84m²가 2018년 여름 평균 8.3억 원, 2020년 1월 평균 9.5억 원이었습니다. 여기는 주변이 산이라 공기가 좋고 3호선을 이용할 수 있어 광화문 접근성이 좋습니다.

길 건너편에는 현대가 있는데, 1989년에 입주했고 610세대가 살고 있습니다. 이곳은 특이하게도 단지 면적이 무척 넓습니다. 지하 주차장이 없는데도, 심지어 테니스장이 4개나 있는데도 주차

북한산더샵   현대

문제가 없을 정도입니다. 지도를 보면 정말 넓은 면적을 차지한 것을 보실 수 있을 겁니다.

이 정도면 재건축했을 때 정말 좋을 것 같지만, 지적도상 대부분 산입니다. 따라서 아쉽게도 재건축을 할 수 없습니다. 84m²가 2018년 여름 5억 원에서 2020년 1월에는 6.9억 원이 되었습니다.

인왕산을 뒤에 둔 홍제동

홍은동 아래에는 홍제동이 있습니다. 여기서는 홍제삼성래미안 84m²가 2018년 여름에 평균 6.2억 원으로 이 근방 아파트 중 제일 비쌌습니다. 주변에 다른 아파트 단지가 없어 딱히 이렇다 할 상권이 없는데도 말이죠. 대신 바로 옆에 안산초등학교가 있고, 홍제동에 있는 아파트 중에서는 도심과 가장 가깝습니다.

홍제삼성래미안에서 홍은동 방향으로 조금만 가면 무악청구

무악청구1차

홍제원힐스테이트

1차와 인왕산힐스테이트(인왕산현대), 그리고 홍제원힐스테이트
(홍제원현대)가 나옵니다. 2018년 여름 무악청구1차, 인왕산힐스
테이트, 홍제원힐스테이트 84m² 가격은 전부 5.9억 원으로 같았습
니다. 그럼 지금은 얼마가 되었을까요?

  답을 알아보기 전에 먼저 지도를 열어 가격을 예측해보시길
권합니다. 세 단지 중 어떤 아파트가 상대적으로 제일 많이 올랐는
지 맞혀보는 겁니다. 아마도 재미있는 현상을 발견하실 수 있을 겁
니다.

직접 확인해보셨나요? 1년 6개월이 지난 2020년 1월, 무악청구1차는 평균 7.1억 원, 인왕산힐스테이트는 평균 7.6억 원, 홍제원힐스테이트는 8억 원으로 올랐습니다. 가격이 같았는데 차이가 벌어진 거죠. 무악청구는 1994년, 인왕산힐스테이트와 홍제원힐스테이트는 2000년에 입주한 아파트입니다. 세대수는 각각 862세대, 700세대, 939세대이고요.

전체 세대수 말고 단지 내 84m² 세대수도 살펴볼까요? 무악청구는 862세대, 인왕산힐스테이트는 256세대, 홍제원힐스테이트는 358세대입니다. 결과적으로 가장 신축이면서 대단지이고, 84m² 세대수가 많은 홍제원힐스테이트가 제일 비쌉니다. 2018년 여름에 더 비쌌던 홍제삼성래미안까지 합쳐도 그렇습니다. 출발선이 비슷하더라도 어떤 선택을 해야 할지 알려주는 사례입니다.

가재울뉴타운이 기대되는 남가좌동·북가좌동

남가좌동과 북가좌동을 합쳐 가재울뉴타운이라고 하죠. 가장 최근에 건축된 것은 2015년 입주한 4,300세대의 DMC파크뷰자이지만, 가장 비싼 아파트는 2012년 입주한 3,293세대의 DMC래미안e편한세상입니다. DMC파크뷰자이가 더 대단지지만, 이상하게 제 눈에는 DMC래미안e편한세상이 더 대단지처럼 보이더군요. 아마도 DMC래미안e편한세상은 작은 도로를 사이에 두고 펼쳐

DMC파크뷰자이

지지만, DMC파크뷰자이는 대로변을 사이에 두고 있어 그런 것이 아닐까 합니다.

84m² 기준으로 2018년 여름 매물 가격을 보면 DMC파크뷰자이가 평균 8.8억 원, DMC래미안e편한세상이 9억 원이었습니다. 2020년 1월에는 DMC파크뷰자이가 평균 11.5억 원, DMC래미안e편한세상이 10.7억 원입니다.

확실히 이 기간에 어느 지역이든 신축 아파트라면 무시할 수 없을 만큼 가격이 상승했음을 알 수 있어요. 돌이켜보면 2018년 여름은 많은 사람들에게 가격 불일치에 따른 투자 기회를 가져다준 시기라 볼 수 있습니다. 참고로 2016년 2월 실거래가를 보면 DMC파크뷰자이가 6.3억 원, DMC래미안e편한세상이 6억 원에 거래되었습니다.

DMC래미안e편한세상

주변에 대학교가 많은 냉천동·북아현동·대현동

냉천동 돈의문센트레빌은 종로구의 경희궁자이 길 건너편에 위치합니다. 대로변을 지나 좀 더 안쪽으로 들어가야 해서 잘 알려지지 않았죠. 서대문역이 지척에 있어 생활권이 같기에 향후에도 가격이 비슷할 듯한데, 약간 경사진 것이 흠이긴 합니다.

여기서도 걸어서 광화문까지 갈 수 있습니다. 실질적으로는 돈의문센트레빌이 더 가까울 수도 있고요. 84m²가 2018년 여름 평균 9.5억 원, 2020년 1월 11.5억 원이었습니다.

북아현동에는 e편한세상신촌과 신촌푸르지오가 2016년과 2015년에 각각 입주했습니다. 마포구 아현동의 래미안푸르지오와 비슷한 시기죠. 앞으로 공덕동, 아현동, 북아현동은 같이 살펴보는 게 좋겠습니다. 이쪽은 2020~2022년에 신축 아파트 입주가 예정되어 있거든요. 최근 경향으로 본다면 가격이 상승할 가능성이 높습니다.

돈의문센트레빌

　84m²를 기준으로 2018년 여름에 신촌푸르지오가 평균 11억 원, e편한세상신촌이 평균 12.5억 원이었습니다. 2020년 1월에는 각각 평균 14.2억 원과 15억 원이 되었고요. 2호선 지하철역과 더 가깝고 좀 더 평지에 있으면서 신축인 e편한세상신촌이 여러모로 가격 상승을 주도하는 추세입니다.

　북아현동에는 좀 더 구축인 두산이 있습니다. 두산 바로 옆에 위치한 대현동에 있는 대현럭키도 같이 볼까요? 둘 다 1999년에 입주한 아파트입니다. 두산은 59m²만 구성되었고, 대현럭키는 중·소형 면적이 골고루 섞여 있습니다.

e편한세상신촌

　보통은 84m²를 기준으로 살펴보는데, 이번에는 특이하게 59m²를 기준으로 보려고 합니다. 2018년

두산

대현럭키

여름에 두산은 평균 5.4억 원, 대현럭키는 5.4억 원으로 비슷했습니다. 2020년 1월에 두산은 7.5억 원, 대현럭키도 7.5억이 되었죠.

참고로 두 단지 바로 지척에 이화여자대학교가, 조금만 더 걸어가면 연세대학교와 추계예술대학교 등이 있습니다. 최근 부동산 시장에서 틈새 투자로 각광받는 셰어 하우스로 운영해도 좋을 듯 보입니다. 대학교가 많은 만큼, 먼 타지에서 온 학생들이 기숙사에 못 들어갔을 때 안심하고 거주할 수 있는 아파트니 말이죠. 그도 아니면 에어비앤비도 가능합니다. 관리만 잘하고 인테리어 등에 신경 쓸 수 있다면 높은 수익을 낼 가능성이 있습니다.

투자자가 몰리는 아파트를 피하라

지금 이 책을 읽고 있는 분들 중 '부린이'라는 표현에 딱 맞는, 부동산에 막 입문한 초보 투자자가 계시다면 질문을 하나 드리겠습니다. 여러분이 관심을 갖고 현장까지 돌아본 아파트는 어떻게 알게 되었나요?

대놓고 드러나진 않지만, 이제는 카톡방이나 네이버밴드, 온라인 카페 등을 통해 정보가 무섭도록 빨리 퍼집니다. 그렇게 화제가 된 정보를 듣고 다음 날 즉시 그 아파트로 달려가는 투자자도 있을 정도죠.

그런데 주의할 점이 있습니다. 자신이 먼저 매수한 후 다른 사람들에게 해당 아파트가 좋다며 추천하는 경우도 있거든요. 특히 영향력이 큰 투자자가 추천한 아파트는 그 즉시 각종 카톡방에서 불이 납니다. 다음 날 누가 먼저 해당 아파트에 도착해서 매수하느냐 하는 게임이 되는 경우도 많고요. 심지어 근방 중개업소에서 "이 아파트는 유명 투자자 OOO이 추천한 아파트"라고 은밀히 이야기하며 매수를 권유하기도 합니다.

지금은 소수 집단이 아파트 가격을 임의로 올릴 수 있는 세상입니다. 10명 정도의 투자자가 특정 단지 가격을 얼마든지 상승시킬 수 있다는 거죠. 사실 하나의 단지에서 거래되는 물건은 많지 않습니다. 네이버부동산만 봐도 중복 매물이 많죠. 결국 특정 단지에서 나오는 매물은 많아봐야 전체 세대의 5% 정도입니다. 1,000세대가 거주한다면 실제로 나온 매물은 50세대 정도 되는 거죠. 이를 다시 면적별로 구분하면, 원하는 매물은 그리 많지 않을 겁니다.

예를 들어 매물을 보니 59㎡가 15개, 84㎡가 25개, 101㎡가 10개 있다고 가정해보겠습니다. 이 정도만 되어도 꽤 많은 물건이 시장에 나온 거죠. 첫 번째 사람이 59㎡를 하나 매수합니다. 다음 날, 또다시 59㎡를 매수합니다. 셋째 날, 또 다른 59㎡를 매수합니다. 저렴한 가격부터 매수했겠지만, 가장 싼 매물은 서서히 시장에서 사라집니다. 이제부터 해당 아파트 단지는 소문이 나기 시작합니다. 사람들은 이 아파트에 자신이 모르는 특별한 장점이나 호재가 있다고 생각하게 되죠.

이런 와중에 또다시 누군가 59㎡를 매수합니다. 그러면 이 아파트 소유주들은 매물을 거둬들이고 가격을 올립니다. 이렇게 특정 단지를 '세력'이라 표현할 수 있는 투자자가 얼마든지 올릴 수 있습니다. 몇 년 전, 지방에 있는 투자자들이 관광버스를 타고 몰려와 수도권 특정 단지 아파트 매물을 전부 매수한 일이 실제로 있었죠. 또 다른 아파트에 가면, 단지 근처 중개업소에서 "이미 지난번에 투자자들이 왔다 갔어요"라고 하는 것을 들을 수 있습니다.

투자란 항상 남들이 관심을 갖지 않을 때, 남들보다 먼저 하는 것이 맞습니다. 그랬다가 남들이 관심을 갖고 몰려올 때 매도해야 제대로 된 수익을 낼 수 있으니까요. 아파트 투자에서 언제나 중요한 것은 매수가 아닌 매도입니다. 대부분의 투자자들이 매수할 때는 오랫동안 고민하고 결정하지만, 매도는 내 마음대로 되지 않다는 것을 깨닫고 어려워합니다. 매도 타이밍을 놓치면 수익이 적을 뿐 아니라, 손해를 보는 경우도 무척 많습니다.

투자자들은 대체로 길게 보고 투자하는 경우가 드뭅니다. 길게는 4년 정도 지켜보기도 하지만, 전세를 한 바퀴 돌린 2년 후 매도하는 경우가 많습니다. 이 말은, 이미 다른 투자자들이 많이 들어간 아파트에 투자하면 손해 볼 가능성이 크다는 뜻입니다.

왜 그럴까요? 먼저 갭 투자를 한다는 것은 전세를 놓아야 한다는 뜻입니다. 아파트를 사고 나서 전세 시장에 내놔야 하는데, 나보다 먼저 진입한 투자자들이 내놓은 전세 매물이 이미 시장에 나와 있죠. 아무래도 후발 주자인 내가 금방 전세 임차인을 구하는 것은 쉽지 않습니다. 어찌어찌해서 임차인을 구한 후 2년이 지났습니다. 이제 매도하려 시장에 내놓으니 또 다른 문제가 생깁니다. 나보다 먼저 진입한 투자자들이 이미 매매 시장에 아파트를 많이 내놓았기 때문입니다. 또다시 그들과 경쟁해야 하는 거죠.

시장에 먼저 진입했기에 그들이 제시하는 금액도 나보다 저렴합니다. 먼저 사서 그간 수익을 많이 봤을 테니, 좀 더 싸게 거래할 수 있을 겁니다. 그러면 나 또한 매도 가격을 낮추면 되지 않겠느냐고 생각할 수 있지만, 그러면 수익이 많이 줄어들죠. 바로 이런 이유에서 투자자들이 많이 매수한 곳은 그다지 좋은 투자처가 아닙니다. 지금까지 저와 살펴본 아파트 중 상대적으로 덜 오른 아파트가 있을 겁니다. 이런 아파트는 이미 투자자들이 들어가 매수한 아파트입니다. 가격 상승이 적었던 이유죠.

'강남 3구가 오르면 그다음은 마용성'이라는 표현처럼, 강남을 따라 주변 지역 부동산 가격이 상승합니다. 이후에는 해당 지역의 주변 지역 가격이 다시 상승하고요. 물론 이런 식의 상승이 100% 투자자가 진입해서 그렇다고 하기는 힘들어도, 좀 더 싸게 매수하고 싶다면 피해야 합니다. 대체로 가격 상승이 시작되면, 한 번에 상승한 후 끝나는 것이 아니라 몇 년 동안 지속적으로 상승합니다. 그 시점이 왔을 때 보유하고 있느냐가 중요합니다.

결국 사람들이 몰리기 전 미리 투자해놓고 기다리는 것이 최고의 투자라 할 수 있습니다. 한 가지 팁을 드리면, 여러분이 특정 아파트를 매수하러 갔는데 근처 중개업소에서 "여기 왜 오셨어요?"라는 반응을 보인다면 제대로 찾아간 겁니다. 아직 남들이 오지 않았다는 뜻이니까요.

남들이 주목하지 않는 곳을 매수하려니 불안하시다고요? 마음이 불편해야 제대로 투자할 수 있습니다. 마음이 편하다면 현재 무엇인가에 몰두해 있어서입니다. 어찌 보면 투자에서 가장 위험한 순간입니다. 오히려 스스로의 결정에 의문이 든다면 올바로 판단했다는 뜻이고요. 남들이 가지 않은 길을 먼저 가고 있다는 의미이기 때문입니다. 이른바 투자를 잘하는 사람들도 언제나 고민하며 망설이곤 합니다. 자신 있게 오를 것이라 믿고 척척 매수하는 것이 결코 아닙니다.

이런 이유에서 투자자가 몰리는 아파트라면 피하시기를 권합니다.

투자자들이 잘 몰라도 실거주자들이 선호하는 아파트는 결국 상승하게 되어 있습니다. 앞서 소개한 동북권 아파트 중에는, 투자자들은 잘 모르지만 상승 폭이 매우 큰 곳들이 있습니다. 이런 곳이야말로 투자해야 할 곳입니다. 남들은 모르는 나만의 보물처럼 말이죠.

은평구

인구	48.3만 명
아파트 물량	138개 단지 / 4만 1,008세대
평균 평당 가격	1,795만 원
지하철 노선	3·6호선, 경의중앙선
주요 생활환경	북한산
특징	한쪽 방향으로만 지나가는 3호선 생활권

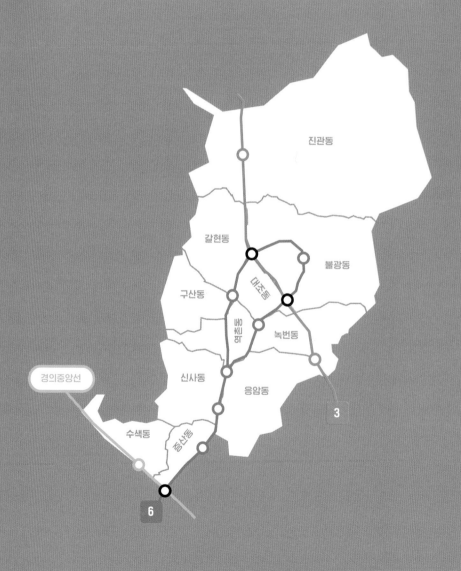

서울 끝자락에 위치한 은평구

'은평'이란 지명은 조선 시대 한양도성에서 북쪽으로 외곽에 있는 '연은방'과 '상평방'이라는 지명에서 유래했습니다. 은평구를 떠올리면 딱히 특별한 것은 없습니다. 도심에서 경기도 일산으로 갈 때 지나가는 곳이라는 느낌이 강하죠. 몇몇 지역은 서울이라는 느낌이 다소 적을 정도로 오래된 풍경을 간직하고 있습니다. 서대문구에서 분구된 은평구는 서울에서 연립주택이나 단독주택이 가장 많은 구이기도 합니다. 그만큼 아파트가 인구 대비 적은 지역이라 할 수 있습니다.

은평구에서 인지도가 가장 높은 동네는 연신내입니다. 어느 정도 나이가 있는 분들에게 익숙하다면, 그곳은 이미 서울에서 오래된 지역입니다. 과거부터 사람들이 그 근처에 모여 살았다는 의미이기도 하죠. 그만큼 상권이 발달했다는 증거도 됩니다. 실제로 이마트 은평점은 전국 이마트 지점 중 높은 매출을 올리는 곳입니다. 최근에는 은평롯데몰이 생겼습니다.

　은평구에는 현재 지하철 3·6호선과 경의중앙선이 지나갑니다. 이 중에서도 6호선은 은평구를 한 바퀴 돌아 나갑니다. 그러다 보니 역촌역, 독바위역, 연신내역, 구산역 구간은 열차가 한쪽 방향으로만 다닙니다. 일반적인 역과 달리 반대쪽이 없습니다. 그런 면에서 은평구의 대중교통 여건은 다소 아쉽습니다. 주말이면 많은 사람들이 등산을 위해 이용하긴 해도 말이죠.

　은평구 인구는 48.3만 명입니다. 같은 서북권인 마포구나 서대문구에 비하면 좀 더 많죠. 아파트가 많지도 않은데 이토록 인구가 많다는 것은, 그만큼 아파트가 아닌 다른 주택에 더 많은 사람이 살고 있다는 뜻입니다. 옆 건물과 붙어 있는 빌라와 동 간격이 넓고 쾌적한 아파트를 비교하면 알 수 있습니다. 재개발을 하면 이런 이유로 인구가 오히려 줄어들기도 합니다만, 은평구는 은평뉴타운이 생기면서 인구가 유입된 경우입니다.

　은평구에서는 2018년 기준으로 138개 단지에 4만 1,008세대가 아파트에 거주하고 있습니다. 500세대 이상 단지는 24개입니다. 은평뉴타운이 있는 진관동이 8개 단지로 가장 많고, 불광동은 7개 단지입니다. 응암동은 4개 단지, 녹번동·수색동·신사동·역촌동·증산동이 각각 1개 단지입니다. 신사동은 강남구 신사동과 지명이 같아 혼동을 주는 곳이죠.

은평구 아파트의 평균 평당 가격은 1,795만 원으로 서울에서 19위입니다. 사람들에게 많이 알려지지 않은 녹번동이 평당 2,527만 원으로 제일 비쌉니다. 다음으로 진관동 2,012만 원, 수색동 1,956만 원입니다. 가장 잘 알려진 동네인 불광동은 1,860만 원, 증산동 1,845만 원, 응암동 1,812만 원 순입니다. 은평구에서 제일 비싼 아파트는 힐스테이트녹번으로 최고 평당 3,750만 원입니다.

뉴타운이지만 교통이 다소 아쉬운 진관동

진관동은 뉴타운 덕에 아파트가 많지만 안타깝게도 교통 여건이 전반적으로 안 좋습니다. 유일한 지하철역이 3호선 구파발역입니다. 구파발역을 기준으로 대다수 아파트가 우측에 위치하는데, 은평뉴타운박석고개힐스테이트1·12단지와 구파발금호어울림 9·10단지를 제외하면 역에서 상당히 멉니다. 좀 더 범위를 넓히면 우물골두산위브4단지와 은평뉴타운마고정동부센트레빌, 은평뉴타운상림마을롯데캐슬12단지 정도에서 구파발역까지 걸어갈 수 있을 듯합니다.

구파발역 아래로 은평뉴타운박석고개힐스테이트1·12단지가 있습니다. 84m²가 2018년 여름에 각각 6.1억 원과 7억 원이었죠. 2020년 1월에는 각각 8억 원과 8.5억 원이 되었는데, 진관동에서는 1단지가 가장 비싼 아파트입니다. 참고로 진관동에서 제일 신축은

금호어울림10단지

은평뉴타운박석고개힐스테이트1단지

은평뉴타운기자촌11단지로 2014년에 입주했습니다. 84m²가 2020년 1월 기준 7.3억 원인데, 구파발역에서 거의 가장 끝에 있습니다.

GTX 호재로 주목받는 불광동

불광동은 연신내역이 GTX 노선에 포함되면서 주목받는 곳입니다. 연신내역에서 삼성역까지 30분 내에 갈 수 있으니 획기적인 교통편이 생기는 셈입니다. 이미 연신내역은 3·6호선 더블 역세권인데, 더 좋아지는 거죠. 이곳에 북한산힐스테이트7단지가 있습니다. 84m²가 2018년 여름 평균 6.9억 원에서 2020년 1월에 평균 9.5억 원으로 꽤 많이 상승했습니다. 향후에도 계속 주목할 필요가 있는 아파트입니다.

불광롯데캐슬

불광동 대부분의 아파트는 불광역 근처에 밀집되어 있는데, 역에서 제일 가까우면서도 비싼 아파

북한산힐스테이트7단지

트가 불광롯데캐슬입니다. 84m²가 2018년 여름 7.1억 원, 2020년 1월 평균 8.5억 원이었습니다. 2018년 여름에는 북한산힐스테이트7단지가 더 저렴했는데, 가격 상승 폭이 큰 것은 물론이고, 이제는

불광동에서 제일 비싼 아파트인 것을 알 수 있습니다. 그렇기에 평소 가격의 순간적인 왜곡 현상을 살펴볼 필요가 있습니다.

비교적 새 아파트가 많은 응암동

응암동에는 2010년대에 건축된 비교적 신축 아파트뿐만 아니라 2020년 초반에 입주 예정인 곳이 꽤 있습니다. 다만 워낙 경사가 가파른 곳에 있다는 점이 조금 아쉽습니다. 가장 신축이면서 그나마 평지에 가까운 백련산힐스테이트4차 84m²가 2018년 여름 평균 6.7억 원, 2020년 1월 평균 8.8억 원이었습니다.

백련산힐스테이트4차

이 단지는 2017년 8월에 입주한 아파트인데, 교통이 좋지 않은 편이라 가격이 상대적으로 저렴한 느낌이 들죠. 6호선 새절역이 제일 가깝지만, 이마저 버스를 이용해야 합니다. 이곳 주민들은 대체로 버스를 타고 3호선인 녹번역으로 갑니다. 참고로 근처 신축 아파트를 봐도 아파트 이름에 '녹번'이 들어가는 경우가 많습니다. 이 지역에서는 '녹번'이 좀 더 사람들이 선호하는 동네라는 뜻이죠. 또 6호선보다는 3호선의 영향력이 좀 더 크다는 의미입니다.

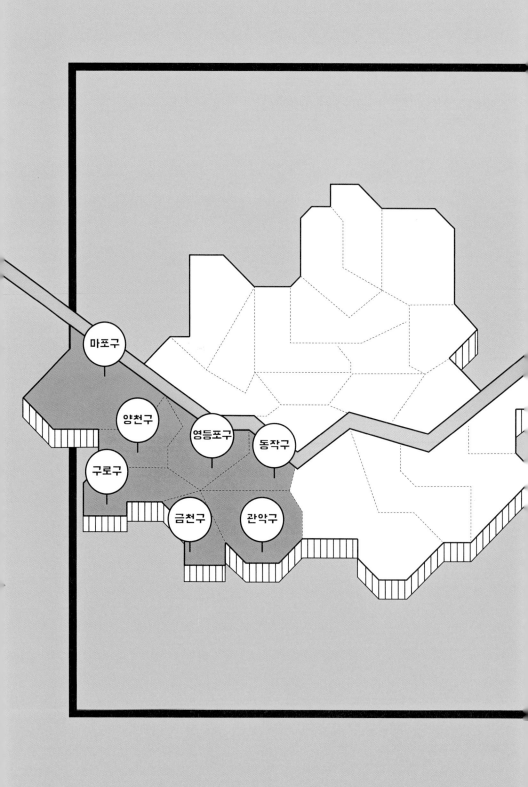

PART 4

서남권

강서구
양천구
영등포구
구로구
금천구
관악구
동작구

강서구

인구	59.5만 명
아파트 물량	273개 단지 / 8만 1,544세대
평균 평당 가격	2,083만 원
지하철 노선	2·5·9호선, 공항철도
주요 생활환경	김포국제공항, 서울식물원
특징	직주근접으로 떠오르는 마곡지구

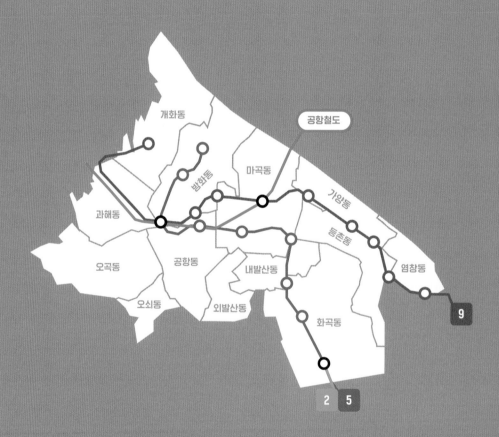

강서구는 최근 마곡엠밸리단지가 형성된 마곡지구가 유명해지면서 많이 알려졌습니다. 서울식물원이 있을 뿐만 아니라 9호선과 공항철도까지 연결되면서 더욱 관심받는 지역이 되었습니다.

그전까지는 '강서구' 하면 떠오르는 것이 김포국제공항이었죠. 인천국제공항이 생기기 전까지만 해도 비행기를 타려면 이곳으로 가야 했습니다. 저도 어릴 때 할아버지가 제주도에 비행기를 타고 가신다고 해서 온 가족이 다 함께 배웅하러 간 기억이 있습니다. 김포국제공항은 김포시가 아닌 서울에 속해 있지만 과거 강서구가 김포에 편입되었을 당시 생긴 공항이라, 아직까지 김포국제공항으로 불립니다.

또 강서구에는 88체육관이 있습니다. 88올림픽을 위한 경기장으로 만든 곳입니다. 사실 강서구는 딱히 이렇다 할 볼거리나 랜드마크가 없습니다. 그나마 앞으로 서울식물원을 방문하는 사람들이 많아지지 않을까, 하는 생각이 듭니다.

마곡이 생기기 전 강서구의 중심은 화곡동이었습니다. 화곡동에 강서구청이 있는 걸 보면 알 수 있죠. 그런데 특이하게도 구청 근처에 전철을 탈 수 있는 지하철역이 없습니다. 더구나 화곡동은 서울에서 개별 동만 놓고 볼 때 빌라가 제일 많은 동네입니다. 서울 빌라에 투자하려는 사람이 화곡동 한번 안 가봤다는 것은 말이 안 될 정도로 말이죠. 또 화곡동에는 강서농수산물도매시장도 있습니다.

강서구는 서울에서 베드타운 역할을 하는 곳이라 인구가 많습니다. 59.5만 명이나 되는데, 2017년에는 60만 명이 넘을 때도 있었습니다. 현재 서울에서 송파구 다음으로 인구가 많습니다. 마곡이 개발된 것도 서울에서 서초구 다음으로 면적이 넓기 때문입니다. 이렇게 인구도 많고 면적도 넓으니 개발하지 않을 수 없었을 겁니다. 서울에서 최근까지 벼농사를 짓던 곳이었으니 얼마나 넓었는지 아시겠죠?

이렇게 많은 인구가 거주하는 곳인데도 교통편은 아쉽습니다. 현재 2·5·9호선과 공항철도가 지나갑니다. 황금 노선인 2호선이 지나가긴 하지만, 순환선에 포함된 역이 아니라 신도림역에서 까치산역까지만 운행하는 지선입니다. 그나마 유일하게 5호선만 있던 강서구에 9호선이 들어오면서 강남 접근성이 좋아졌습니다. 9

호선 덕분에 마곡의 위상이 좀 더 높아졌다고 할 수 있죠.

2018년 기준으로 강서구에는 아파트 273개 단지에 8만 1,544세대가 거주하고 있습니다. 500세대 이상 단지는 총 65개입니다. 인구가 많은 만큼 500세대 이상 아파트도 많다는 사실을 확인할 수 있습니다. 마곡동이 16개 단지로 가장 많습니다. 등촌동 11개 단지, 가양동 10개 단지입니다. 그다음 내발산동 8개 단지, 방화동 8개 단지, 염창동 6개 단지, 화곡동 6개 단지로 상당히 많습니다.

강서구 아파트의 평균 평당 가격은 2,083만 원으로 서울에서 14번째로 높습니다. 역시 마곡동이 평당 3,005만 원으로 제일 높네요. 다음으로 가양동 2,453만 원, 염창동 2,245만 원, 내발산동 2,028만 원 순입니다. 이어서 등촌동 1,957만 원, 공항동 1,933만 원, 방화동 1,896만 원, 화곡동 1,621만 원이고요. 같은 강서구 내에서도 동에 따라 평당 가격이 상당히 크게 차이 난다는 걸 알 수 있습니다. 강서구에서 제일 비싼 아파트는 마곡동 마곡힐스테이트로 최고 평당 3,820만 원입니다. 그럼 지금부터 강서구 아파트를 돌아볼까요?

강서구의 새로운 중심 마곡동

누가 뭐래도 현재 강서구에서 가장 관심받는 동네는 마곡이죠. 과거에 이곳은 전부 논농사를 짓던 곳이었습니다. 제가 이 근처에서 고등학교를 다녔는데, 당시만 해도 버스를 타고 지나가면 드넓은 평야를 볼 수 있었습니다. 지금처럼 현대화될 줄은 상상도 하지 못했습니다.

마곡지구는 처음부터 직주근접을 추구한 동네입니다. 대기업과 중견 기업 등이 입주하면서 사람들의 관심이 더욱 증가했습니다. 마곡엠밸리7단지와 마곡힐스테이트가 마곡동에서 가장 비싼 아파트입니다. 마곡엠밸리7단지는 공항철도와 9호선 더블 역세권인 마곡나루역에서 가장 가깝고, 마곡힐스테이트는 9호선 신방화역에서 다소 멀지만 민영 아파트입니다. 84m² 기준 두 아파트 가격은 2018년 여름 각각 평균 12억 원과 11.5억 원이었습니다. 2020년 1월에는 평균 13.5억 원과 12.5억 원이 되었죠.

두 아파트 사이에 있는 마곡엠밸리6단지, 그리고 5호선 마곡역과 강서농수산물도매시장 사이에 있는 마곡13단지힐스테이트마스터도 살펴보겠습니다. 2018년 여름에는 84m²가 평균 10억 원과 평균 11.5억 원, 2020년 1월에는 둘 다 평균 12억 원이었죠.

마곡엠벨리6단지

마곡엠밸리7단지　　　　　　　　　마곡힐스테이트

　　지금까지 살펴본 것처럼 두 아파트 가격이 어떤 식으로 변했는지 직접 알아보고, 매수한다면 둘 중 어느 쪽을 구입해야 할지 생각해보세요. 시간이 지난 후 자신의 판단이 맞는지 돌아보면, 앞으로의 선택과 결정에 도움이 될 겁니다.

강서구청이 있는 화곡동

　　강서구청이 있는 화곡동은 과거에는 구의 중심지였으나, 이제는 구도심 같은 느낌이 드는 곳입니다. 앞서 언급했듯 서울에서 동별로 볼 때 빌라가 가장 많은 동이기도 하고요. 이곳에는 5호선 우장산역 오른쪽 위아래로 우장산아이파크e편한세상과 강서힐스테이트가 자웅을 겨룹니다.

　　2,517세대인 우장산아이파크e편한세상은 2008년, 2,603세대

화곡푸르지오

인 강서힐스테이트는 2015년에 입주했습니다. 84m²가 2018년 여름 평균 8.6억 원과 8.7억 원이었고, 2020년 1월에는 평균 9.8억 원과 10.5억 원이었습니다. 입주 연도를 고려할 때 가격 차이가 없다고 해야겠네요.

화곡동에서 제일 큰 단지는 2,176세대나 되는 화곡푸르지오입니다. 2002년 10월에 입주한 아파트로, 84m²가 2018년 여름 평균

우장산아이파크e편한세상   강서힐스테이트

6.8억 원에서 2020년 1월 8억 원이 되었습니다. 입주한 지 제일 오래되었고, 교통편이 좀 좋지 않은 것이 상대적으로 가격이 저렴한 이유가 아닌가 합니다. 84m²가 제일 적은 면적으로 중·대형 면적으로 구성되었습니다.

발산역 상권과 가까운 내발산동

내발산동에는 마곡수명산파크가 7단지까지 모여 있습니다. 이 중 1·2단지가 제일 비싼 편인데, 2017년에 투자자들이 많이 들어갔습니다. 그런 이유에서인지 2018년에서 2019년 사이 가격 상승 폭은 상대적으로 작습니다. 이 경우는 가격이 미리 상승했다고 보면 됩니다. 2018년 여름에 1·2단지 84m² 가격은 똑같이 7.8억 원이었습니다. 2020년 1월에 각각 8.5억 원과 9억 원이 되었고요.

조언을 드리면, 이렇게 투자자들이 이미 들어갔다고 소문난

마곡수명산파크3단지   우장산힐스테이트

곳은 피하는 것이 좋습니다. 마곡수명산파크가 안 좋다는 의미가
아니라, 투자 목적으로 매수할 때 유의할 점을 말하는 겁니다.

　이 근방의 실질적인 대장은 5호선 발산역 근처에 있는 우장
산힐스테이트입니다. 이쪽이 중심 상권이기도 하고요. 2005년에
입주한 아파트로 2,198세대가 살고 있습니다. 2018년 여름 기준
84m²가 8.7억 원, 2020년 1월 10.5억 원입니다.

한강과 9호선이 가까운 가양동·등촌동

　9호선을 기준으로 위로는 가양동, 아래로는 등촌동이 있습니
다. 9호선이 생기기 전에는 5호선 발산역 근처인 등촌동이나 올림
픽대로를 이용할 수 있는 가양동이 좀 더 각광받았죠. 지금은 9호
선 급행역인 가양역 근처 아파트의 선호도가 더 높습니다. 이 지역
은 중·대형 면적도 있지만 주로 소형 아파트가 많습니다. 참고로

가양2단지성지

가양동 근방은 역에서 가까운 아파트가 임대아파트입니다.

　여기선 2018년 당시에 전세 가격과 매매 가격 차이가 제일 적은 아파트를 살펴보겠습니다. 가양동에 위치하고 갭이 1.5억 원이었던 가양2단지성지 39m²와 등촌동에 위치하고 갭이 1.4억 원이었던 등촌주공10단지 37m²입니다. 2018년 여름에 두 아파트는 각각 평균 3.2억 원과 3.5억 원이었습니다. 2020년 1월에는 각각 평균 4.8억 원과 4.3억 원이 되었고요.

　가양2단지성지는 한강 조망권이 있고, 등촌주공10단지는 역

등촌주공10단지

세권입니다. 그렇다면 9호선 급행보다 한강 조망권의 가치가 더 높은 걸까요? 꼭 그렇지만은 않습니다. 2019년에는 등촌주공10단지가 더 가격이 비쌌거든요. 향후에는 어떤 식으로 두 아파트가 경쟁을 펼칠지 지켜봐야겠습니다.

9호선 급행열차 역세권 염창동

염창동에서는 9호선역에서 아주 가까운 염창한화꿈에그린1차를 살펴보겠습니다. 급행열차가 지나가는 염창역에서 가장 가까운 단지입니다. 84m²가 2018년 여름 평균 8.4억 원이었고, 2020

염창한화꿈에그린1차

년 1월에는 11억 원이 되었습니다. 2018년 여름에 갭이 2.9억 원이 었는데, 현재 상승 금액이 2.6억 원입니다. 물론 앞에서 말한 11억 원은 거래 금액이 아닌 호가라는 차이가 있긴 하지만, 8.4억 원도 호가였습니다. 참고로 2019년 12월에 실거래 가격은 10.6억 원이 었습니다.

양천구

인구	46만 명
아파트 물량	220개 단지 / 6만 9,586세대
평균 평당 가격	2,141만 원
지하철 노선	2·5·9호선
주요 생활환경	목동 학원가
특징	택지 개발을 통해 조성된 대규모 아파트 단지

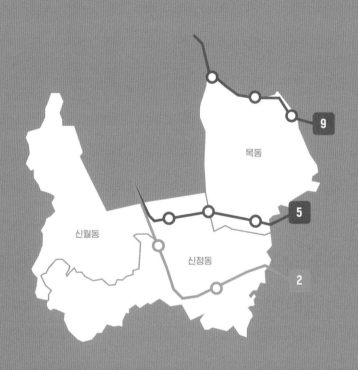

양천구, 하면 학군 좋기로 유명한 목동이 가장 먼저 떠오릅니다. 양천구는 원래 강서구였다가 1988년에 분리되었습니다. 지도에서 양천구 면적을 보면 귀여운 강아지 같기도 하죠.

양천구는 목동, 신정동, 신월동으로 구분되는데, 목동은 누구나 다 알 정도로 학군에 따라 아파트 가격이 높습니다. 반면 신월동은 빌라 밀집 지역이고요. 이처럼 같은 구에서도 격차가 꽤 심하다고 할 수 있습니다. 그러다 보니 신월동에서는 동명을 변경하려는 시도를 한 적도 있었습니다.

학군이 좋다 보니 이 동네는 교육 때문에 거주하는 사람이 많습니다. 남부지방법원을 비롯해 인천이나 부천 등 서남부로 출퇴근하는 전문직 종사자가 많이 거주하는 듯합니다. 또 이 근방에 거주하는 분들은 지역 안에서 모든 것을 해결하려는 경향이 있습니다. 아무래도 교통편이 좋지 않은 것이 가장 큰 이유입니다. 목동에서 시내로 나오려면 상당히 불편하거든요. 지하철 2·5·9호선이 양천구를 지나긴 하지만, 2호선은 순환선이 아닌 지선입니다. 9호선도 목동 일대만 지나는지라 이용하기 불편하고요. 그나마 5호선이 양천구 주요 지역을 지날 뿐이죠.

재미있는 점은, 목동에 차를 갖고 가면 많은 사람들이 당황한다는 것입니다. 일방통행 도로가 너무 많아 바로 눈앞에 건물을 보고도 진입하지 못하고 몇 바퀴씩 돌아야 하기 때문입니다. 여기에 김포국제공항까지 비행기가 다니는 길이라 신월동과 신정동에 위치한 목동 아파트 일부 단지에서는 소음이 있습니다.

또 서부트럭터미널 이전은 오랜 숙원 사업입니다. 하지만 바로 앞에 남부순환도로가 있고 경인고속도로도 이용할 수 있는 데다, 이전할 마땅한 부지가 없는 관계로 이전이 쉽지 않다고 생각합니다.

양천구는 인구가 46만 명으로 상당히 많습니다. 아파트도 많지만 다세대를 비롯한 주택도 많죠. 그 때문에 인구 밀집도가 전국에서 손가락 안에 꼽힙니다. 2018년 기준으로 아파트 220개 단지에 6만 9,586세대가 거주하고 있습니다. 보통 '목동 아파트'라고 불리지만 정확히는 신정동과 함께 목동 1~14단지까지 아파트가 있습니다.

대체로 이렇게 대규모 아파트 단지가 들어선 곳은 택지 개발을 통해 조성된 곳입니다. 대지 면적이 넓은 곳 중에서 전통적인 거주 지역이 아닌 곳을 개발한 거죠. 86아시안게임과 88올림픽을 앞두고 항공기에서 제일 처음 보이는 서울의 풍경이 너무 낙후되어 아파트 단지로 개발했다고 합니다.

양천구에서 500세대 이상 아파트는 총 37개 단지입니다. 신정동이 25개 단지로 매우 많습니다. 다음으로 목동 10개 단지, 신월동 2개 단지 순입니다.

양천구 아파트의 평균 평당 가격은 2,141만 원으로 서울에서 15위입니다. 생각보다 높지 않다고 생각할 텐데, 보통 우리가 '비싸다'고 알고 있는 아파트는 목동 신시가지 단지입니다. 목동이 평당 2,622만 원으로 제일 비싸고 신정동이 2,210만 원, 신월동이 1,444만 원입니다. 양천구에서 제일 비싼 아파트는 신정동 목동힐스테이트로, 최고 평당 5,020만 원입니다. 양천구에서는 목동과 신정동의 아파트만 살펴보겠습니다.

대단지 아파트가 밀집된 목동

목동은 개별 아파트보다는 기존 단지의 재건축과 관련된 설명을 드리려고 합니다. 목동역을 기준으로 위쪽에는 목동1~7단지가, 아래는 8~14단지가 있습니다. 8~14단지는 행정구역상 신정동입니다. 평당 가격을 보면 1~7단지에서 제일 저렴한 아파트가

8~14단지에서 제일 비싼 아파트보다 가격이 높습니다.

목동 아파트 단지는 재건축 이야기가 항상 나오는 곳이지만, 제가 볼 때는 워낙 튼튼하게 짓고 관리도 잘한 듯해 쉽지 않아 보입니다. 다만 주차가 다소 불편하다는 점이 문제겠죠. 현재 평당 가격은 7단지가 가장 비쌉니다. 목동역에서 제일 가깝고 근처에 현대백화점 등의 상업 시설이 있습니다.

목동 아파트 단지를 볼 때는 재건축을 위한 세대당 대지 지분을 유념할 필요가 있습니다. 목동 1~7단지의 세대당 대지 지분은 다음과 같습니다. 5단지 29.36평, 2단지 28.6평, 3단지 27.91평, 1단지 26.22평, 4단지 22.22평, 7단지 21.65평, 6단지 20.93평 순입니다.

한편 목동 8~14단지는 다음과 같습니다. 9단지 25.69평, 14단지 24.92평, 13단지 21.51평, 12단지 21.51평, 10단지 20.3평, 11단지 20.21평, 8단지 16.83평 순입니다. 세대당 대지 지분이 넓을수록 좋다고 보시면 됩니다.

목동2단지

　최근 이 중 여러 단지가 안전 진단에 들어갔습니다. 그뿐 아니라 서울시에서 목동1~3단지의 용적률을 200%에서 250%로 올렸죠. 한마디로 몇 층을 더 올릴 수 있게 허가해줬다는 뜻입니다. 이는 가격에 바로 반영됩니다. 세대당 대지 지분이 가장 넓은 2단지 전용 84㎡가 2018년 여름 11.3억 원에서 2020년 1월 16억 원이 되었습니다. 2020년 들어 한 달 만에 2억 원 정도 상승한 듯합니다.

양천구 대장 아파트가 있는 신정동

　신정동에서는 두 곳의 아파트를 살펴보겠습니다. 먼저 신정이펜하우스입니다. 2011년에 입주한 신정이펜하우스는 1~5단지까

신정이펜하우스3단지

지 있습니다. 1단지가 466세대, 2단지가 471세대, 3단지가 1,339세대입니다. 4단지와 5단지는 각각 546세대와 238세대죠. 이 아파트는 연식에 비해 가격이 상당히 저렴한 편인데, 거기엔 이유가 있습니다. 남부순환도로 좌측에 위치하고, 바로 근처에 서부트럭터미널이 있거든요. 지하철역도 버스로 꽤 많이 가야 있을 정도로 교통이 불편한 편이고요.

가장 비싼 3단지 84m²가 2018년에 평균 5억 원이었습니다. 2020년 1월에는 평균 6.3억 원이 되었습니다. 매매 가격과 전세 가

목동힐스테이트

격의 차이가 2018년 여름에 1억 원이었으니, 투자 관점에서는 그리 나쁘다고 할 수는 없겠습니다.

다음은 목동힐스테이트입니다. 양천구에서 평당 가격이 제일 비싼 아파트인 목동힐스테이트는 실제로는 목동이 아닌 신정동에 있습니다. 목동10단지 바로 위에 위치해 있으며 옆에는 2호선 신정네거리역이 있죠. 2016년 입주한 아파트라 근방에서는 가장 신축이며 1,081세대가 살고 있습니다. 84m²가 2018년 여름 평균 11.5억 원이었다가 2020년 1월에 15억 원이 되었습니다.

영등포구

인구	38만 명
아파트 물량	166개 단지 / 5만 9,181세대
평균 평당 가격	2,502만 원
지하철 노선	1·2·5·7·9호선
주요 생활환경	여의도 금융가, 영등포역 상권
특징	여의도 아파트들의 대대적인 재건축 호재 기대

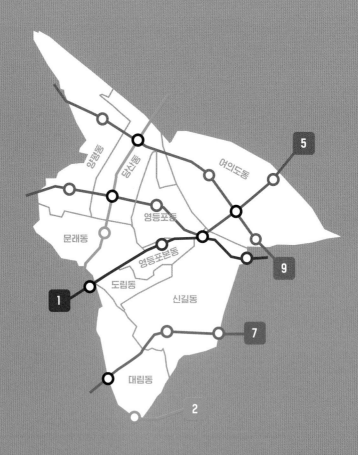

영등포는 과거에 엄청난 위상을 지닌 지역이었습니다. 극단적으로 이야기해서 한강 이남은 전부 영등포 생활권이라 할 수 있을 정도였죠. 그만큼 영등포구에 거주하는 분들의 자부심이 무척 컸습니다.

영등포에는 참 다양한 이미지가 존재합니다. 우선 서울에서 사대문 안을 제외하고 워낙 발전하는 곳이라 공업지대가 많습니다. 대기업은 없어도 중소기업이 밀집되어 많은 사람들이 일하기 위해 찾는 곳이기도 합니다.

무엇보다 한국 경제와 정치에서도 빼놓을 수 없는 국회와 증권사가 여의도에 밀집해 있죠. 지금이야 방송국들이 상암동으로 옮겨 갔지만, 아주 오랫동안 방송의 중심지였습니다. 지금도 KBS

가 있고요. 또 좀 더 과거로 가보면 여의도에서는 비행기가 이착륙하기도 했습니다.

이런 역사를 지닌 곳인 만큼, 여의도에는 신구가 조화를 이루고 있습니다. 예전부터 거주하던 분들이 있는 지역과 새 아파트가 생긴 지역이 공존하죠. 그러고 보면 영등포구만큼 양극단을 달리는 구도 드물 듯합니다.

우선 여의도는 영등포라는 카테고리에 포함되는 것이 어색할 만큼 많은 자본이 흘러드는 부촌입니다. 스카이라인을 봐도 아파트를 비롯한 고층 건물로만 구성되어 있습니다. 서울에서 이런 곳은 여의도를 제외하고 없을 듯합니다.

1970년대 건축된 대다수의 아파트가 몰려 있는 여의도는 항상 재건축 이야기가 나오며, 부동산 상승기에는 언제나 들썩거리는 지역입니다. 여의도는 IFC몰이 있어 쇼핑하기 위해서도 가는 곳인데, 조만간 파크원까지 준공되면 일대가 완전히 탈바꿈할 듯합니다.

영등포역을 기준으로 남쪽은 주택 위주였으나 현재 아파트촌으로 변모하는 중입니다. 영등포역 위쪽은 아파트가 들어서며 신흥 부촌이 되었죠. 영등포역 근처는 지금도 많은 인파로 북적대지만, 예전에는 발 디딜 틈이 없을 정도였습니다. 지하상가에도 사람들로 가득했습니다. 롯데백화점, 그 앞으로 신세계백화점과 경방 필백화점에서 변모한 타임스퀘어는 남서 지역에서 쇼핑의 중심이었죠.

한편 대림동은 조선족이나 중국인이 집단 거주하며 한국 내 중국의 풍경을 보여주고 있습니다. 영등포구는 서울 25개 구에서 외국인 비중이 가장 높습니다. 우리 생각과 달리 가장 글로벌한 구라 할 수 있죠. 역시 대림동 차이나타운의 역할이 큰 것 같습니다.

영등포구 인구는 38만 명입니다. 전통의 지역 강자답게 영등포구는 교통편이 좋습니다. 1·2·5·7·9호선이 지나가죠. 여의도로 들어가는 5·9호선 덕분에, 이 노선을 따라 집을 구하는 여의도 금융인이 많습니다.

2018년 기준으로 영등포구는 아파트 166개 단지에 5만 9,181세대가 거주하고 있습니다. 500세대 이상 단지는 58개입니다. 여의도동이 15개 단지로 제일 많습니다. 다음으로 당산동 12개 단지, 신길동 11개 단지, 양평동과 대림동 6개 단지입니다. 뒤를 이어 영등포동 5개 단지, 문래동 2개 단지, 도림동 1개 단지입니다.

영등포구 아파트의 평균 평당 가격은 2,502만 원으로 서울에서 11위입니다. 생각보다 높다고 하실 수도 있는데, 이는 가격이 비싼 여의도가 포함되었기 때문입니다. 여기서 재미있는 점이 하나 있습니다. 영등포구 내에서 평당 가격은 2,810만 원인 여의도동이 가장 높을 것 같지만, 그렇지 않습니다. 근소한 차이지만 놀랍게도 신길동이 2,820만 원으로 제일 비쌉니다.

다음으로 당산동 2,698만 원, 영등포동 2,639만 원입니다. 이어서 문래동 2,304만 원, 도림동 2,238만 원, 양평동 2,216만 원, 대림동 2,074만 원 순입니다. 영등포동 아크로타워스퀘어가 최고 평당

4,500만 원으로 영등포구에서 가장 높은 가격을 자랑합니다. 그럼 지금부터 영등포구 아파트들을 살펴볼까요?

2·9호선 더블 역세권으로 가치가 높아진 당산동

2호선에 9호선까지 생기며 더욱 교통이 좋아진 당산동에는 당산삼성래미안4차가 있습니다. 당산역에서는 여의도까지 두 정거장이면 갈 수 있고, 2호선으로 환승도 가능하죠. 이 단지에서 제일 작은 면적이 84m²인데, 2018년 여름 평균 10.8억 원이었습니다. 2020년 1월에는 평균 13.5억 원이 되었고요.

워낙 초역세권이고 황금 노선인 2호선과 9호선 급행이 서는 곳이라, 앞으로도 항상 탄탄한 수요층이 있을 것으로 예상됩니다.

당산삼성래미안4차

유원제일2차

당산삼성래미안4차 바로 옆에는 효성1·2차와 당산현대5차가 있습니다. 두 아파트 옆으로 지나가는 2호선이 지상으로 나오면서 열차 소음이 들리는 점이 아쉽기는 합니다만, 당산역에서 가깝다는 장점이 큽니다.

2018년 여름에 84m²가 효성2차는 평균 9.3억 원, 당산현대5차는 평균 8.2억 원이었습니다. 2020년 1월에는 12.5억 원과 11억 원이었고요. 효성1·2차와 당산현대5차는 입주 연도가 각각 1999년과 2000년으로 비슷한데, 효성2차가 당산역에서 좀 더 가깝긴 합니다.

대로 건너편에 위치한 유원제일2차는 410세대가 거주하고 있으며, 1984년에 입주했습니다. 현재 재건축이 추진 중입니다. 당산역 바로 앞에 있는 데다 단지 옆에 당산서중학교와 당산초등학교가 있죠. 학교까지 길을 건너지 않고도 다닐 수 있으니 재건축된다면 학부모들의 선호도가 더욱 높아질 듯합니다.

이 단지는 전용 84m²가 제일 적은 면적일 정도로 중·대형으로 구성되어 있습니다. 2018년 여름 평균 9억 원, 2020년 1월 평균 10억 원이었습니다.

영등포구청역 바로 앞에 있는 당산2가현대는 그야말로 초역세권입니다. 84m²로만 구성되어 있어 생활수준이 비슷한 분들이 거주한다고 봐야죠. 2호선과 5호선의 더블 역세권이라 강남은 물론, 여의도와 광화문까지 쉽게 오갈 수 있습니다. 2018년 여름에 평균 6.9억 원에 갭이 2.6억 원이었는데, 2020년 1월에 평균 8.9억 원이 되었습니다.

조용히 강세를 보이는 영등포동·도림동·문래동

1호선 영등포역 바로 옆에 영등포푸르지오가 있습니다. 지상철 옆이지만 2,462세대나 되는 대단지라 편하게 거주할 수 있는 곳

영등포푸르지오

입니다. 거의 알려지지 않았지만, 84m²가 2018년 여름 평균 7.6억 원에서 2020년 1월 평균 9.4억 원으로 알차게 올랐습니다.

영등포동에서는 아크로타워스퀘어가 가장 신축으

아크로타워스퀘어

로, 2017년에 입주했습니다. 여의도에서 영등포 방면으로 갈 때 보이는 멋진 외관의 바로 그 아파트죠. 5호선 영등포시장역에서 가깝고 1,221세대가 살고 있습니다. 2018년 여름 84m²가 평균 12억 원이었고, 2020년 1월에는 평균 14.5억 원이 되었습니다.

영등포푸르지오 바로 옆에는 도림동 영등포아트자이가 있습

문래자이

문래힐스테이트

니다. 2014년에 입주한 아파트로 836세대가 살고 있습니다. 2018년 여름 평균 8.5억 원에서 2020년 1월에 평균 11.5억 원이 되었습니다.

한편 영등포역과 신도림역 사이에 문래역이 위치한 문래동이 있습니다. 이곳에서는 문래자이와 문래힐스테이트가 맞수입니다. 강남과 여의도 접근성도 아주 좋죠. 문래역을 기준으로 좌우에 위치합니다. 84m² 기준 2018년 여름 문래자이가 평균 9억 원, 문래힐스테이트는 8.8억 원이었습니다. 2020년 1월에는 각각 평균 12.1억 원과 12억 원이 되었고요. 이 동네는 최근 문래창작촌이 생기며 유입 인구가 꽤 늘어났습니다.

최근 주목받는 신길동

최근 신축 아파트가 다수 들어서며 주목받는 신길동은 앞으로 새 아파트가 더 많이 생길 예정입니다. 그중 7호선 신풍역에서 가장 가까운 래미안에스티움은 초역세권이라 제 눈에는 향후 생길 신축보다 더 좋아 보입니다. 84m²가 2018년 여름 평균 10.5억 원, 2020년 1월 평균 14억 원을 기록했습니다.

래미안에스티움

　신길동에는 신길센트럴자이를 비롯해 2020년에만 신축 아파트가 무려 4단지나 입주합니다. 기존 아파트가 구도심이 되고, 주택단지가 있던 곳이 뉴타운 개발을 통해 아파트 단지로 변모하면서 신길동은 머지않아 서울의 새로운 강자로 떠오를 듯합니다.

신도림역과 가까운 대림동

　2·7호선 환승역인 대림역 근처에는 신동아가 있습니다. 다소 오래되었고 인지도도 낮지만 역에서 워낙 가깝습니다. 1987년 입주했고 591세대가 살고 있죠. 84m²가 2018년 여름 평균 4.3억 원에서 2020년 1월 평균 5.8억 원이 되었습니다. 2018년 여름 당시 갭은 1.4억 원이었고요.

신동아

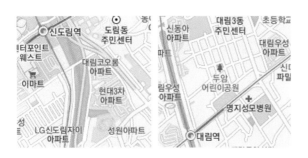

　　1·2호선 환승역인 신도림역 근처도 행정구역상 대림동입니다. 이곳에는 대림코오롱과 현대3차아이파크가 있습니다. 신도림역에서 5분 정도만 걸으면 나오는데, 신도림역은 물론이고 상업시설도 이용할 수 있으면서 중심지에는 다소 떨어져 조용합니다.

　　대림코오롱은 1998년에, 현대3차아이파크는 1997년에 입주했습니다. 세대수는 각각 481세대와 1,126세대이고요. 2018년 여름에 대림코오롱이 평균 6.2억 원, 현대3차아이파크가 7억 원이었습니다. 2020년 1월에는 각각 평균 7.8억 원과 평균 8.4억 원이 되었습니다.

대림코오롱

현대3차아이파크

재건축으로 새롭게 태어날 여의도동

여의도의 거의 모든 아파트는 1970년대에 입주한 아파트입니다. 그러니 대부분 재건축 대상에 해당되죠. 서울·공작·수정은 전부가 상업 지역이고 진주는 절반이, 삼부는 일부가 상업 지역입니다. 이 말은 용적률과 건폐율이 높아 사업성이 좋다는 뜻이 됩니다. 이런 이유로 평당 가격은 서울, 공작 순으로 비쌉니다.

공작

서울

여기서도 세대당 대지 지분에 대해 이야기하겠습니다. 공작 26.67평, 삼부 21.9평, 미성 21.4평, 시범 18.87평, 한양 18평, 화랑 17.76평, 대교 16.6평, 은하와 삼익 15.6평, 수정 14.2평, 목화 11.2평, 진주 10.6평 순입니다.

여의도는 워낙 상징성이 큰 곳이다 보니 서울시에서 도시계획에 의해 재개발을 추진하려 노력 중입니다. 다양한 방법으로 추진 중이기도 하고요. 여의도에서 제일 비싼 서울아파트는 총 4개 동으로 373세대가 살고 있습니다. 전용 139m²가 2018년 여름 평균 26억 원이었습니다. 2020년 1월에는 31억 원이었고요.

면적이 넓다고는 하나, 1976년 입주한 것을 고려하면 가격이 정말로 대단하죠. 웬만한 강남 신축 아파트 부럽지 않은 가격입니다. 여의도의 아파트 단지들이 이처럼 고가를 자랑하는 이유는, 이곳이 상업 지역이라 재건축하면 50층까지 쌓을 수 있기 때문입니다. 그만큼 향후 엄청난 변화가 예상된다고 할 수 있습니다.

재건축·재개발,
사업성과 속도가 핵심이다

부동산 상승장에서 가장 인기 있는 분야는 재건축과 재개발 사업입니다. 무엇보다 오래된 주택이 신축 아파트로 다시 태어나는 것이라, 그 자체만으로도 사람들의 관심을 끌기에 충분합니다. 지난 몇 번의 상승기를 보면, 상승기 막판에 재개발이 가장 뜨거운 화두가 되면서 투자자들이 몰리는 경향이 있었습니다. 이럴 때 가장 관건은 당연히 사업성입니다. 얼마나 사업성이 있느냐에 따라 추진 속도가 달라집니다.

강남에 있는 구축 아파트가 재건축 이야기만 나오면 화제가 되는 것은, 바로 높은 가격 때문입니다. 새 아파트를 짓기 위해서는 돈이 필요합니다. 추가 부담금을 많이 내는 것을 좋아할 사람은 없겠죠. 아무리 새 아파트를 건축한다 해도 추가 부담금으로 몇 억 원씩 내라고 한다면 망설일 가능성이 아주 큽니다.

그렇기에 재건축·재개발의 핵심은 '향후 얼마나 비싸게 팔 수 있느냐'입니다. 분양할 아파트가 얼마나 비싼가에 따라 조합원의 추가 부담금은 달라집니다. 세대당 5억 원인 아파트 100채를 파는 것과 세대당 8억 원인 아파트 100채를 파는 것은 확실히 다릅니다. 단순 계산해도 500억 원과 800억 원입니다. 조합 입장에서는 무려 300억 원이나 되는 돈이 더 들어오며, 이를 아파트 건설에 투입할 수 있습니다. 그에 따라 조합원들이 내는 추가 부담금은 줄어들거나 없을 가능성도 있죠. 이처럼 새로 지은 아파트가 다른 지역보다 비쌀수록 좋은데, 강남은 건축비가 다소 많이 들더라도 높은 가격에 팔 수 있으니 사업성이 높죠.

저렴한 아파트는 그런 면에서 노후되어도 재건축을 진행하는 것이 쉽지 않습니다. 비싸게 팔 수 있다면 가장 좋지만, 그게 안 된다면 많이 팔아야 합니다. 같은 5억 원짜리 아파트라도 100채를 파는 것보다 200채를 파는 것이 훨씬 더 이득입니다. 조합에 들어오는 금액이 500억 원과 1,000억 원으로 달라지니까요.

많이 팔기 위해서는 단지 내 면적이 넓으면 됩니다. 그런데 대부분의 경우 단지 면적이 더 넓어지는 것은 쉽지 않으니, 용적률이라는 것을 통해 층을 높이 올리려고 합니다. 30층 아파트는 20층 아파트보다 단순히 10개 층이 더 높은 것이 아니라, 계단식이라고 한다면 20세대나 더 많습니다. 이렇게 10개 층이 더 많은 동이 10개나 있다면 무려 200채나 더 팔아서 건축비로 쓸 수 있습니다. 이렇기에 재건축 단지들이 기를 쓰고 50층까지 건축하려 노력하는 겁니다.

문제는 재건축이나 재개발을 추진하는 쪽의 욕심(?)과 달리, 우리나라에서 대부분의 토지는 이미 쓸모가 정해져 있다는 사실입니다. 일반

주거지역, 전용주거지역, 준주거지역, 공업지역, 상업지역 등으로 말이죠. 여기에 서울은 지구 단위 계획에 의해 신축 아파트를 지을 때 몇 층까지 세울 수 있는지가 정해져 있습니다. 최근 재건축 조합과 서울시가 계속 충돌하는 지점이 바로 이 부분입니다. 서울시에서는 지구 단위 계획에 의해 불가능하다는 입장이고, 조합 측은 어떻게 해서든 추진하려는 거죠. 이런 면에서 국가가 용적률 장사를 한다는 비판도 있긴 합니다.

물론 50층짜리 아파트를 전혀 못 짓는다는 뜻은 아닙니다. 전체적인 건폐율에 따른 용적률을 적용한다면 불가능한 것도 아니죠. 예를 들어 35층짜리 아파트 10개 동을 건설하는 대신, 50층짜리 아파트 7개 동을 건설하면 됩니다. 세대 수는 똑같이 나오니 말이죠. 더구나 35층짜리 10개 동을 짓는 것보다 50층짜리 아파트 7개 동을 건설하는 것이 훨씬 더 쾌적합니다. 미관상 그렇게 단지를 구성하는 것이 더 좋지만, 시에서 지구 단위 계획 등을 이유로 그런 식의 건축을 인정하지 않을 뿐이죠. 이 부분은 조금 아쉽습니다. 층을 높일 경우 건축학적으로도 훨씬 매력적일 수 있으니까요.

이것은 재건축 시 저층 아파트가 매력적인 이유이기도 합니다. 예를 들어 건축된 지 오래된 아파트가 5층짜리인데, 재건축으로 30층까지 건축된다면 조합원 입장에서는 사업성이 아주 좋으니 말이죠. 그런 면에서 주공 같은 경우, 59㎡가 제일 큰 면적인데 15층 짜리라면 문제가 생깁니다. 최근 건축되는 아파트는 대부분 59㎡와 84㎡입니다. 만약에 기존 아파트 면적이 세대 당 전용 33㎡라면, 대략 3세대를 모아야 84㎡ 하나가 나옵니다. 앞에서 많은 세대를 팔아야 돈이 된다고 설명드렸죠? 30층을 건축한다 해도 3개 층이 모여야 84㎡ 하나가 나온다면, 세대수는 줄어들게 됩니다. 높이 올려도 땅 면적은 그대로니 오히려 동은 줄어들고요. 이러니 재건축 사업성이 현저히 떨어지겠죠.

여의도에 있는 서울아파트는 2020년 1월에 전용 139㎡가 약 31억 원이었습니다. 이 단지는 현재 12층이고 2개 동이 있습니다. 이곳이 상업 지역이라 50층까지 건축할 수 있고요. 비례율을 떠나 이런 것만 놓고 봐도 사업성이 좋다는 느낌이 저절로 들죠. 심지어 이 정도라면 조합원 입장에서는 흔히 말하는 '1+1 분양'도 가능합니다. 하나는 내가 살고 하나는 임대용으로 보유하는 겁니다. 주상 복합으로 건축한다면 상가를 하나 가져도 되고요. 실제로 이렇게 될지는 두고 봐야겠지만 이론적으로는 가능합니다.

서울시 클린업시스템을 적용하면 추진 단계는 같지만 좀 더 빨리 진행되는 곳을 알 수 있습니다. 예를 들어 눈여겨보는 재개발 지역이 두 군데 있다고 가정해보겠습니다. 현재는 둘 다 사업시행인가를 받은 상태입니다. A구역은 2009년에, B구역은 2013년에 조합이 설립되었다면 무조건 B구역을 선택해야 합니다. 현 상태는 같지만 B구역은 훨씬 더 빨리 추진되고 있다는 뜻이니까요. 무엇 때문에 상대적으로 더 빨리 추진되는 걸까요? 볼 것도 없이 그만큼 사업성이 좋다는 뜻입니다. 이 점을 알기에 조합에서도 속도를 내는 겁니다.

한편으로는 조합장과 조합원들의 마음이 잘 맞고 합심해서 사업을 추진한다는 뜻이기도 합니다. 재건축과 재개발은 이해관계인이 많고 복잡합니다. 각자 다른 생각을 갖고 있으니 이를 조정하고 의견을 모아 추진하는 것이 쉽지 않습니다. 특히나 재개발은 상가가 포함되어 더욱 힘듭니다. 재건축 아파트 중에서도 상가가 포함된 아파트는 사업 진행 속도가 다소 느립니다. 용산 참사 당시에도 마지막까지 명도를 거부한 분들은 상가 임차인들이었습니다. 권리금 등을 생각하면 쉽지 않은 일이죠. 개포주공1단지도 단지 내 상가 임차인들과 분쟁이 있기도 했고요. 그러므로 재건축·재개발 사업에 관심을 갖고 투자하려고 한다면, 사업성과 속도라는 두 가지 기준을 반드시 기억하시기 바랍니다.

구로구

인구	43.9만 명
아파트 물량	159개 단지 / 6만 3,289세대
평균 평당 가격	1,739만 원
지하철 노선	1·2·7호선
주요 생활환경	지식산업센터, 안양천
특징	일부 동네는 광명시와 생활권 공유

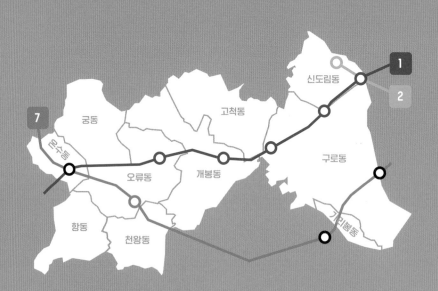

구로구의 지명은 9명의 노인이 살았다는 의미에서 유래했습니다. 구로구가 유명한 것은 산업단지 때문입니다. 서울에서 공장이 가장 많고 산업단지가 모여 있는 구로공단이 있었죠. 전국에서 노동자들이 모여들다 보니 저렴하게 머물 수 있는 쪽방도 많았습니다. 쪽방이라는 표현처럼 방 하나에 2~3명이 숙식하기도 했습니다.

구로공단에는 노동자가 아닌 대학생도 많았습니다. 공단에서 노동자의 삶과 생활을 알아보겠다며 위장 취업한 운동권 대학생들이었죠. 정치인은 물론이고 문화 분야에 종사하는 분들이 예전에 일했던 곳으로 유명합니다. 한국 현대사를 다룬 책이나 영화에서도 이런 상황이 자주 묘사되고요.

현재는 대부분의 공장이 지식산업센터로 변모했습니다. 과거 모습은 아주 일부에서만 찾을 수 있는데, 그나마 구로구가 아닌 금천구에서 볼 수 있습니다.

구로디지털단지역에서 가산디지털단지역까지는 수많은 지식산업센터가 들어서 있습니다. 특히 구로디지털단지역은 직장인이 많아 상권이 발달한 곳 중 하나입니다. 과거에는 전국에서 일하러 오던 곳이었는데, 이제는 중국에서 건너온 사람들로 교체되었습니다. 거의 사라진 쪽방도 조선족을 비롯한 외국 사람들로 채워졌고요.

구로구는 이처럼 산업단지가 모여 있는 구로동과 가리봉동으로 한 블록이 형성되어 있습니다. 안양천이 구로구를 좌우로 나누기 때문에 같은 구지만 개봉동이나 오류동은 생활권이 다릅니다. 여기에 신흥 강자로 떠오르는 신도림동을 지나가는 1호선 역시 구로구를 갈라놓고 있죠. 대부분 1호선 국철이 지나가는 곳은 지상철이라 과거에 중요한 입지였지만, 이제는 발전을 가로막는 대상으로 지목되고 있습니다.

각종 공장이 있었던 만큼, 구로구는 교통 여건이 좋은 편입니다. 1·2·7호선이 지나가는 데다 공장에서 나오는 제품을 운송해야 했기에 도로가 무척 발달했습니다. 그러나 대중교통이 다소 아쉬운 동네도 있습니다. 특히 개봉동과 오류동에서 지하철을 타려면 역까지 버스를 이용해야 하는 경우가 많습니다.

구로구 인구는 2019년 기준 43.9만 명으로 2010년대 들어 꾸준히 줄어들고 있습니다. 2018년 기준으로 아파트 159개 단지에서 6만 3,289세대가 거주하고 있습니다. 500세대 이상 단지는 총 50곳입니다. 구로구의 대표 주자인 구로동이 19개 단지로 제일 많습니다. 개봉동 8개 단지, 신도림동과 천왕동이 7개 단지입니다. 그다음으로 고척동 5개 단지, 오류동 3개 단지, 온수동이 1개 단지 순입니다.

구로구 아파트의 평균 평당 가격은 1,739만 원으로 서울에서 20위입니다. 구로구는 동네별로 평당 가격이 상당히 차이 나는 편입니다. 신도림동이 2,671만 원으로 제일 높습니다. 다음으로 천왕동 1,953만 원, 온수동 1,798만 원, 구로동 1,680만 원 순입니다. 이어서 고척동 1,547만 원, 개봉동 1,451만 원, 오류동 1,426만 원입니다.

이외에 항동 1,381만 원, 가리봉동 1,175만 원이며 궁동이 1,136만 원으로 가장 낮습니다. 같은 구 내에서도 평당 가격이 2배가 넘게 차이 나는 것을 볼 수 있죠. 구로구에서 제일 비싼 아파트는 신도림동에 있는 신도림4차e편한세상으로 최고 평당 3,580만 원입니다.

안양천이 가까운 개봉동

안양천을 기준으로 좌측에 개봉동이 위치합니다. 이곳에서는 남부순환도로 바로 옆에 있는 개봉푸르지오가 가장 신축입니다

현대1차

만, 개봉역 남측에 있는 아파트들을 소개하고자 합니다. 현대1차, 개봉아이파크, 그리고 현대홈타운입니다. 비록 지상철이 다니는 구간이지만 역에서 다소 떨어진 곳에 위치한 아파트들이죠.

84m² 평균 가격을 살펴보면 2018년 여름에 현대1차가 5.3억 원, 개봉아이파크가 5.7억 원, 현대홈타운이 4.8억 원이었습니다. 2020년 1월에는 각각 평균 6.7억 원, 7억 원, 6.3억 원입니다.

현대홈타운

개봉아이파크

개봉동 바로 옆이 광명시입니다. 광명시에서 이루어지는 재개발과 재건축으로 이주 수요가 발생할 수 있다는 점을 주지할 필요가 있습니다.

고척스카이돔으로 유명한 고척동

고척스카이돔 덕분에 인지도가 높아진 고척동에는 고척파크 푸르지오가 있습니다. 2009년에 입주했고 662세대가 살고 있습니다. 고척동이 양천구와 가깝기 때문에 바로 길 건너에 목동 아파트 단지가 있죠. 따라서 구로구지만 목동 생활권으로 볼 수 있습니다. 84m²가 2018년 여름 평균 5.8억 원이었고 2020년 1월에는 8억 원이 되었습니다.

고척파크푸르지오

신축 아파트가 많은 천왕동

7호선 천왕역에서 아주 가까운 천왕동 아파트 중 대부분은 2010년대에 입주한 신축 아파트입니다. 역과 가장 가까우면서 대단지인 천왕연지타운1단지를 보실까요? 2013년에 입주했고 571세대가 살고 있습니다. 84m² 가격을 살펴보면 2018년 여름에 평균 6억 원이었습니다. 2020년 1월에는 7.1억 원이 되었고요.

천왕역 좌측으로 천왕이펜하우스1·2단지가 있습니다. 1·2단지 모두 2011년에 입주했습니다. 세대수는 차이가 있는데 1단지가 314세대, 2단지가 526세대입니다. 마찬가지로 84m² 가격을 살펴보면 2018년 여름에 평균 5.4억 원과 5.5억 원이었습니다. 2020년 1월에는 두 단지 모두 6.8억 원이 되었습니다.

천왕연지타운1단지

천왕이펜하우스1단지

구로구의 중심 구로동

안양천 오른쪽에는 구로동이 있습니다. 바로 옆으로 지상철이 지나가는 바람에 섬처럼 고립된 곳이 구일동입니다. '구로1동'을 줄인 말인데, 현재는 관례적인 지명이 되어 구일동으로 부르고 있습니다.

이곳은 진입로가 좋지 않아 차로 갈 때 잘못하면 남부순환도로를 타고 멀어지기도 합니다. 이곳에 있는 구로주공1차를 볼까요?

1986년에 입주한 아파트로, 1,400세대가 있습니다. 2018년 여름 평균 6.5억 원에서 2020년 1월에는 9.2억 원이 되었습니다. 재건축이 추진되면서 2019년 가을 이후에 엄청나게 상승했죠. 구로동은 남구로역과 대림역 사이에 아파트가 밀집해 있습니다. 구로디지털단지가 바로 옆이라 이곳에서 근무하는 사람이라면 걸어서 출퇴근할 수 있는 위치입니다.

여기에 삼성래미안(78m²)과 구로두산위브(84m²)가 있습니

구로주공1차

구로두산위브

다. 삼성래미안은 2004년에, 구로두산위브는 2006년에 입주했죠. 세대수는 각각 1,244세대와 660세대입니다. 2018년 여름 평균 가격은 각각 5.8억 원과 5.5억 원이었습니다. 2020년 1월에는 각각 7.2억 원과 6.7억 원이 되었고요.

2·7호선 더블 역세권인 대림역에서 나오자마자 정면에 럭키가 있습니다. 이런 초역세권 아파트는 지나칠 수 없습니다. 1992년에 입주했고 427세대가 살고 있습니다. 공급면적 기준으로 75m²부터 111m²까지 다양한 면적이 있습니다. 중국인이 많은 동네이긴 하지만 서울에서 이 정도 가격대인 더블 역세권 아파트를 찾기 어려운 만큼, 거주자들의 만족도는 나쁘지 않은 편입니다. 84m²가 2018년 여름 평균 4.3억 원에 갭이 0.9억 원이었죠. 2020년 1월에는 6.5억 원이 되었으니 투자금의 2배 넘게 벌었네요. 2동짜리 아파트 수익률이 놀랍습니다.

1·2호선 환승역인 신도림역은 신도림동일 것 같지만, 행정구역상 구로동에 속합니다. 신도림역 아래에는 신도림태영타운이 있습니다. 2000년에 입주했고 1,252세대가 살고 있습니다. 여기도

럭키

다양한 면적이 있습니다.

84m²가 2018년 여름 평균 7.2억 원이었습니다. 2020년 1월에
는 9억 원이 되었고요. 디큐브시티와 현대백화점을 비롯해 신도림
상권을 누릴 수 있습니다. 지하 주차장이 넓은 것도 장점입니다만,
지상철 바로 옆에 있는 것이 단점으로 꼽힙니다.

구로구에서 가장 비싼 신도림동

구로구에서 평당 아파트 가격이 제일 비싼 신도림동을 살펴보
겠습니다. 더블 역세권인 신도림역을 이용할 수 있죠. 신도림동이
영등포구에 속한 줄 아는 분도 많습니다.

이 동네에서는 신도림역에서 대로변 건너편에 보이는 신도림
4차e편한세상이 제일 비쌉니다. 853세대인 이 단지는 2003년에
입주했습니다. 이곳 역시 신도림 상권을 이용하기 좋고, 도림천이

있어 산책하기도 좋습니다. 84m²가 2018년 여름에 평균 9.3억 원이었는데, 2020년 1월에 13.2억 원이 되었습니다.

신도림7차e편한세상과 신도림동아2·3차도 눈여겨볼 필요가 있습니다. 신도림7차e편한세상은 2004년에, 신도림동아2·3차는 2000년에 입주했습니다. 신도림7차e편한세상은 411세대, 신도림동아2차는 655세대, 신도림동아3차는 814세대입니다. 2018년 여름에 84m² 평균 가격은 각각 7.9억 원, 7.4억 원, 그리고 7.7억 원이었습니다. 큰 차이가 없죠. 시간이 지나 어떤 식으로 변했는지 알아볼까요?

신도림동아3차

신도림7차e편한세상

2020년 1월에 신도림7차e편한세상은 평균 12억 원, 신도림동아2차는 평균 11억 원, 신도림동아3차는 11.2억 원이 되었습니다. 세 단지 모두 역세권 입지 면에서는 별 차이가 없지만, 4년 더 신축인 신도림7차e편한세상이 좀 더 높은 가치를 인정받는다고 볼 수 있겠습니다.

금천구

인구	23.6만 명
아파트 물량	74개 단지 / 2만 4,453세대
평균 평당 가격	1,550만 원
지하철 노선	1·7호선
주요 생활환경	다양한 패션 아웃렛
특징	비교적 작은 면적, 인구가 적은 베드타운

아웃렛의 메카 금천구

　서울에서 가장 늦게 생겨난 금천구는 구로구에서 분리되었습니다. 그러다 보니 앞서 구로구에서 언급한 공장들이 금천구에도 있죠. 다행히 금천구는 이제 공장보다는 아웃렛 이미지가 더 큽니다. 마리오아웃렛, W-몰, 현대몰 등이 터를 잡아 주말이면 인산인해를 이룹니다.

　사실 금천구는 구로구에서 굳이 분구할 필요가 있었을까, 하는 생각이 들 정도로 워낙 작습니다. 가산동과 독산동 및 시흥동은 서로 단절된 느낌도 들고요. 아웃렛을 제외하면 딱히 이렇다 할 랜드마크나 시설이 없습니다. 금천구의 재정원 역시 이미 언급한 아웃렛이 제일 큰 비중을 차지하는데, 이 때문인지 금천구청 청사를 너무 화려하게 지어 뒷말이 무성했습니다.

금천구 내 지역이 서로 단절된 느낌이 드는 것은 시흥대로 때문만은 아닙니다. 서쪽에 있는 1호선도 빼놓을 수 없죠. 그 옆으로 안양천 너머에 있는 독산동 일부 지역이 광명시가 아닌 금천구라는 사실을 모르는 분들도 많습니다. 이웃하고 있는 독산동과 광명시는 어린이집을 공유합니다.

한편 광명시로 이동할 수 있는 수출의 다리는 아직도 교통을 지연시키는 역할을 하죠. 그나마 최근에 가리봉오거리에 있는 고가가 철거되며 개선되었습니다.

금천구는 베드타운 기능이 강한 곳입니다. 시흥대로를 통해 안양, 수원으로 갈 수 있고, 서부간선도로는 물론 서해안고속도로도 이용할 수 있습니다. 덕분에 금천구의 큰 도로들은 항상 정체되어 있습니다. 여기에 주택가에서 가까운 지하철 노선도 없는 편이라, 구민 대다수가 (마을)버스로 1호선 금천구청역이나 2호선 구로디지털단지역을 주로 이용합니다.

금천구 인구는 23.6만 명으로 서울에서도 인구가 적은 편에 속합니다. 베드타운 기능이 강한 곳이라고 말씀드렸는데, 아파트 수는 적고 주로 단독주택이나 빌라 등이 많죠. 2018년 기준으로 아파트 74개 단지 2만 4,453세대가 거주하고 있습니다. 금천구에서 500세대 이상인 아파트 단지는 15개입니다. 시흥동에 8개, 독산동 6개, 가산동에 1개 있습니다. 지금까지 돌아본 서울 내 다른 지역과 비교해도 무척 적다는 것을 알 수 있습니다.

금천구 아파트의 평균 평당 가격은 1,550만 원으로 서울에서

24위입니다. 독산동이 평당 1,693만 원으로 제일 높습니다. 시흥동이 1,439만 원, 가산동이 1,400만 원입니다. 사실 금천구는 아파트 자체가 워낙 적다 보니 평당 가격이 의미 없는 곳이기도 합니다. 금천구에서 제일 비싼 아파트는 독산동에 있는 금천롯데캐슬골드파크1차로 최고 평당 3,240만 원입니다.

금천구의 가격을 이끄는 독산동

최근 금천구가 주목받는 가장 큰 이유는 오로지 금천롯데캐슬골드파크 때문입니다. 2016년에 준공된 이후 금천구의 시세를 이끌고 있거든요. 금천구는 신축 아파트가 없었는데 금천롯데캐슬골드파크 이후부터 새로운 수요가 생기면서 가격이 상승했습니

금천롯데캐슬골드파크

한신

다. 2018년 여름에 금천롯데캐슬골드파크1차 84m²가 평균 7.7억 원이었습니다. 그러다가 2020년 1월에 평균 10억 원이 되었죠.

여기에 안양천을 사이에 두고 금천구청역 건너편에 위치한 한신이 있습니다. 1,000세대가 거주하는 20년 된 아파트입니다. 89m²가 2018년 여름 3.85억 원이었는데, 2020년 1월에 5.1억 원이 되었습니다. 매매 가격과 전세 가격의 차이가 1.05억 원이었으니 일찍이 전세를 끼고 투자한 분들은 꽤 쏠쏠한 수익을 올렸다고 할 수 있겠습니다.

안양과 가까운 시흥동

시흥동의 랜드마크는 벽산입니다. 관악산 자락에 있어 자연을 벗 삼은 아파트죠. 6단지까지 있는 대단지인데, 그중 5단지가 2,810세대로 가장 큽니다. 2004년 준공됐으니 그리 오래된 아파트

벽산5단지

도 아닙니다.

다만 교통이 다소 불편합니다. 버스를 타고 독산역 또는 구로디지털단지역으로 가거나, 시흥대로로 나가야만 합니다. 84m²가 2018년 여름 평균 3.8억 원, 2020년 1월에는 4.4억 원이었죠. 서울의 상승장에서 많이 오르지 않은 이유는 아무래도 출퇴근이 불편하다는 점 때문인 듯합니다.

시흥동에서는 2014년 준공한 남서울힐스테이트를 빼놓을 수 없습니다. 금천롯데캐슬골드파크가 들어서기 전까지 가장 신축이면서 비싼 아파트였거든요. 안양천변과 안양으로 가는 길목 사이에 자리 잡고 있습니다. 2014년에 입주했고 1,764세대가 살고 있죠. 단지 바로 옆에는 시흥산업용재유통센터가 있고요. 84m²가 2018년 여름 평균 6.4억 원이었다가 2020년 1월에는 7.9억 원이 되었습니다.

관악구

인구	50만 명
아파트 물량	107개 단지 / 4만 697세대
평균 평당 가격	1,860만 원
지하철 노선	2호선
주요 생활환경	서울대학교 중심 상권, 관악산
특징	경사가 심해 아파트 단지가 대부분 고지대에 위치

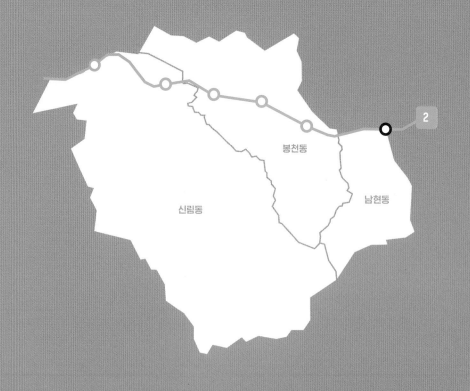

관악구는 관악산을 끼고 있어 현재의 지명이 붙었습니다. 관악구, 하면 가장 먼저 생각나는 것은 서울대학교죠. 많은 사람들의 관심이 집중되는 학교가 있는 곳이다 보니, 관악구 역시 큰 주목을 받았습니다. 우선 이곳에는 고시촌이 자리 잡고 있죠. 사법고시가 있던 시절에 큰 시험을 준비하는 사람들은 전부 고시촌에서 공부하곤 했습니다. 이와 관련해 각종 상권이 발달했고요. 사법시험이 폐지된 후에는 해당 지역의 상권이 약화되면서 많은 사람들이 떠났습니다.

다행히 몇 년 전부터 임대료가 비교적 저렴한 곳을 찾는 수요가 다시 이 지역에 몰렸습니다. 덕분에 2호선 서울대입구역에서 낙성대역 사이 대로변 뒷골목은 '샤로수길'이라는 이름으로 새롭게 태어났습니다. 지금은 젊은이들이 좋아하는 트렌디한 맛집과 카페가 들어서 있죠.

신림역 주변은 예전부터 상권이 발달했습니다. 서울대생을 비롯해 젊은 층이 모이는 곳이었으니까요. 지금은 예전만큼은 아니더라도 포도몰 등의 복합 쇼핑몰이 있어 아직도 이 근방에서는 젊은이들의 거리로 명성을 잃지 않고 있습니다. 신림역 4번 출구 뒷골목의 순대타운도 빼놓을 수 없죠. 과거에는 포장마차촌이었는데, 지금은 건물 하나에 전부 밀집되어 있습니다. 이곳의 백순대는 맛집 전문가들이 늘 추천하는 메뉴입니다.

관악구는 무엇보다 관악산이 아주 드넓게 포진하고 있어 곳곳에서 등산하는 사람들이 다양한 코스로 이동합니다. 가장 대표적인 길은 서울대학교에서 출발하지만, 워낙 곳곳에 이동 경로가 있죠. 이 때문인지 관악구에서는 경사진 길이 많고, 주택이나 건물이 고지대에 있는 경우도 많습니다. 예전에는 관악산 방면으로 눈이 많이 오면 자동차가 다닐 수 없어 출근하지 못하는 경우도 있었습니다.

한편 관악구는 과거에 달동네나 판자촌이라 불리는 곳이 가장 많은 동네이기도 했습니다. 지금은 많이 변모했지만, 달동네로 유명한 봉천동은 고지대라 더욱 거주하기 힘든 여건이었습니다. 관악구는 원래 남현동과 봉천동, 신림동 등 3개의 동이 있었지만, 낙후된 이미지를 없애기 위해 행정동명을 없애거나 새롭게 바꿨습니다. 2008년부터 봉천동은 없어진 동명이 되었고 통·폐합을 거쳐 보라매동, 청림동, 은천동, 행운동 등 새로운 동이 생겨났죠. 다만 여전히 과거의 지명이 인지도가 더 높은 관계로, 여기서는 원래 있던 3개의 동명을 기준으로 설명을 이어나가겠습니다.

관악구를 지나는 지하철은 2호선이 유일합니다. 지대가 높다 보니 걷기보다는 대부분의 주민들이 버스를 타고 지하철역까지 갑니다. 관악구에서 강남까지 20분 내외로 갈 수 있음에도 이런 약점 때문에 이 근방의 주택 가격이 다소 낮은 것이 아닐까 합니다. 아파트 역시 대부분 고지대에 위치한 편이라 지하철역 근처에 있다면 훨씬 더 좋을 텐데, 하는 아쉬움이 있습니다.

관악구 인구는 무려 50만 명이나 됩니다. 그중 청년 인구가 40%로 전국 1위입니다. 그러다 보니 청년 1인 가구가 주로 거주하는 원룸촌이 워낙 많습니다. 특히 신림동과 봉천동을 돌아다니면, 원룸 매물이 다양한 면적과 가격으로 부동산 중개업소에 나온 것을 볼 수 있습니다.

그럼 이제 관악구 아파트를 살펴볼까요? 2018년 기준으로 관악구 아파트는 107개 단지, 4만 697세대입니다. 500세대 이상 단지는 총 14개이며 봉천동에 9개, 신림동에 5개 단지가 있습니다. 관악구는 전체 아파트 수를 고려하면 대단지가 매우 적은 편입니다. 한 동짜리 아파트처럼 소규모 아파트 단지가 곳곳에 있죠. 고지대가 많다 보니 균일한 대단지 형성이 힘든 것이 그 이유가 아닐까 합니다.

관악구 아파트의 평균 평당 가격은 1,860만 원으로 서울에서

18위입니다. 남현동이 2,256만 원으로 제일 높습니다. 다음으로 봉천동 2,059만 원, 신림동 1,614만 원 순입니다. 2019년 6월에 입주한 봉천동 e편한세상서울대입구가 최고 평당 3,600만 원으로 관악구에서 제일 비쌉니다. 관악구에서는 신림동과 봉천동에 있는 아파트를 살펴보겠습니다.

산 위에 아파트가 많은 신림동

신림동은 대부분의 아파트가 산 위에 있습니다. 거주 목적이라면 숲세권이 큰 장점이 될 수 있습니다. 투자자라면 관리의 용이성을 고려할 만하죠.

먼저 2005년에 입주한 신림푸르지오1차를 살펴보겠습니다. 남부순환도로를 타고 가다 신림역이 나오기 전 우측에 자리한 아

신림푸르지오1차

파트입니다. 1,456세대로 신림동에서 대단지면서 평지에 위치해 랜드마크라고 할 수 있죠. 단지 바로 옆에 미성초등학교와 난곡중학교가 있습니다. 84m²가 2018년 여름에 평균 6.5억 원, 2020년 1월에는 7.9억 원이었습니다.

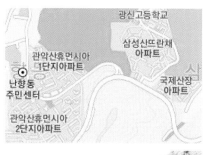

신림푸르지오1차와는 달리 고지대에 있는 관악산휴먼시아와 삼성산주공3단지(삼성산뜨란채)를 살펴보겠습니다. 이 단지들은 거의 산

관악산휴먼시아

꼭대기에 있다고 해도 과언이 아닙니다. 그러다 보니 버스를 타고 신림역으로 내려와야 하는 불편함이 있습니다. 눈이 내린 날이면 조심해서 운전해야 하고요.

84m² 가격을 비교해볼까요? 2018년 여름에 관악산휴먼시아는 평균 4.8억 원, 삼성산주공3단지는 평균 3.8억 원이었습니다. 2020년 1월에는 각각 평균 5.9억 원과 4.7억 원이 되었습니다. 둘 다 1억 원 정도 상승했다는 것을 확인할 수 있네요.

달동네 이미지를 벗어던진 봉천동

봉천동 역시 아파트가 전부 아주 높은 곳에 위치해 경사가 꽤 심합니다. 이쪽은 예전에 달동네 판자촌 이미지가 강했지만, 지금은 아파트촌으로 변모한 지역이기도 합니다. 그중 봉천역에서 제일 가깝고 경사가 없는 두산1단지, 그리고 봉천동에서 2018년 여름 기준 제일 비싼 관악동부센트레빌을 보겠습니다. 2000년에 입주한 두산1단지에는 2,001세대가, 2004년에 입주한 관악동부센트레빌에는 487세대가 거주합니다.

84m² 면적으로 비교하면 2018년 여름에 두산1단지가 평균 6.5억 원, 관악동부센트레빌이 7억 원이었습니다. 제가 서울 아파트를 놓고 강의할 때, 두산1단지는 강남 접근성을 고려하면 다소 저평가되었다는 의견을 피력한 적이 있었습니다. 단지에서 조금만 걸어가면 2호선 봉천역이고, 이곳에서 강남까지 20분 정도면 도착

두산1단지

관악드림타운

하니까요.

실제로 2020년 1월에 두산1단지가 8.7억 원으로 가격이 크게 올랐습니다. 관악동부센트레빌은 8억 원이 되었고요. 두산1단지가 앞서나가는 것을 보면, 확실히 역세권이 중요하다는 사실을 확인할 수 있습니다.

한편 2018년 여름에 두산1단지와 가격이 같았던 관악푸르지오가 있습니다. 평균 6.5억 원이었는데, 2020년 1월에는 7.5억 원이 되었습니다. 결국 2018년 여름에 어떤 아파트를 선정했느냐에 따라 결과가 꽤 달라졌겠죠.

그 외에도 3,544세대나 되는 대단지인 관악드림타운이 있습니다. 경사가 다소 있어 도보로 지하철역까지 가기엔 시간이 걸리지만, 버스를 타면 2호선 봉천역과 서울대입구역, 그리고 7호선 숭실대입구역을 모두 이용할 수 있습니다. 2020년 1월 기준 전용 84m²가 평균 7.1억 원이었습니다. 참고로 관악드림타운 근처에 있고 2,386세대가 거주하는 벽산블루밍1·3차 84m²는 같은 기간 평균 6.8억 원이었습니다.

동작구

인구	39.8만 명
아파트 물량	125개 단지 / 5만 1,366세대
평균 평당 가격	2,715만 원
지하철 노선	1·2·4·7·9호선
주요 생활환경	노량진수산시장, 보라매공원
특징	흑석·노량진 개발에 대한 기대감

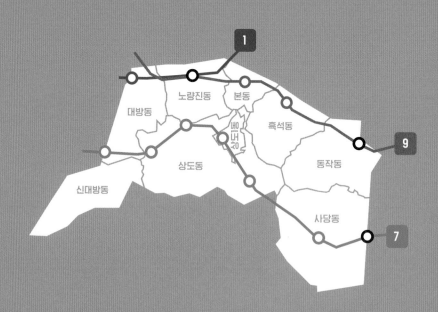

동작구는 한강을 건너기 위한 나룻배가 있던 동작나루에서 유래한 지명입니다. 동작은 '구리로 만든 공작' 또는 '구릿빛 참새'라는 뜻이 있다고 하네요.

동작구, 하면 제일 먼저 떠오르는 곳은 현충원과 노량진입니다. 국립묘지인 현충원은 국가에 큰일이 있을 때마다 사회 지도층이 방문하는 모습이 뉴스에 나오곤 하죠. 노량진은 학원가가 워낙 유명합니다. 과거에는 입시 학원이 많았는데, 이제는 각종 자격증 취득 학원을 비롯해 고시 학원이 밀집된 곳이죠.

동작구는 좌우로 상당히 넓게 펼쳐져 있습니다. 서쪽에 있는 보라매공원은 휴식처로 인기가 좋습니다. 아주 넓은 잔디밭이 있어 여름에 많은 주민들이 애용하는 곳이죠.

동작구 북쪽의 한강이 있는 곳은 저지대이고 남쪽은 고지대인데, 다른 구에 비해 한강을 제대로 활용하지 못한다고 할 수도 있습니다. 다른 구는 대부분 한강 근처에 아파트를 비롯한 주택이 있는 반면, 동작구는 그러지 못하니 말이죠. 지도를 보면 그럴 수밖에 없는 동작구의 지형적 한계가 눈에 보이긴 합니다.

노량진은 이미 언급한 것처럼 학원이 아주 많습니다. 공무원 시험을 비롯해 각종 국가 자격증 시험을 치르려는 사람들이 전국에서 찾아오거든요. 이런 이유로 동작구는 서울에서 월세가 가장 비싼 구이기도 합니다. 다중 주택처럼 3평 정도 되는 곳에서 생활하면서 공부하려는 청년들이 모여들기 때문입니다. 노량진 뉴타운이 좀처럼 실행되지 못하는 이유 중 하나라고 할 수 있죠.

노량진에서 또 다른 명소가 바로 수산시장입니다. 상대적으로 저렴하면서도 싱싱한 수산물을 구입할 수 있죠. 새로운 건물을 지으면서 서울시와 상인회 간에 다소 반목이 있었지만, 이제 대부분 점포가 이전해 현대화 작업이 끝난 상태입니다.

동작구에 위치한 2·4호선 사당역은 전통적으로 경기 남부에서 서울로 들어오는 관문이었습니다. 서울에서 수원 방면으로 오가는 유동 인구가 워낙 많다 보니 상권이 크게 발달했습니다. 그런데도 의외로 프랜차이즈는 별로 보이지 않고, 대부분 소상공인이 운영하는 점포가 많습니다. 사당역에서 내려 간단하게 식사를 하거나 음주를 즐기는 사람들이 많아 앞으로도 그 수요는 계속 이어질 듯합니다.

동작구는 교통 여건이 아주 좋습니다. 1·2·4·7·9호선이 지나가니, 황금 노선이라 할 수 있는 지하철은 전부 지나갑니다. 이렇게 교통이 발달한 덕분에 강남뿐만 아니라 여의도나 광화문, 종로에 가는 것도 어렵지 않습니다. 그러다 보니 아파트 가격이 결코 만만치 않죠. 생활 기반 시설은 괜찮은 편이나, 쇼핑할 만한 곳이 이수역 근처에 위치한 다소 오래된 태평백화점 하나뿐이라는 점이 동작구민들에게는 불만이라면 불만일 듯합니다.

동작구 인구는 39.8만 명으로 적은 편은 아닙니다. 아마도 주민등록은 다른 지역에 두고 거주만 하는 청년 가구까지 포함하면 훨씬 더 많으리라 생각됩니다. 2018년 기준으로 동작구에는 아파트 125개 단지가 있고 5만 1,366세대가 거주합니다. 500세대 이상 단지는 총 47개입니다. 상도동이 13개 단지로 가장 많고, 사당동이 12개 단지입니다. 신대방동 6개, 흑석동과 대방동이 각 5개 단지입니다. 다음으로 본동 3개 단지, 노량진동 2개 단지, 동작동 1개 단지이고요.

동작구 아파트의 평균 평당 가격은 2,715만 원으로 서울에서 10위입니다. 새 아파트가 많이 생겨나고 있는 흑석동이 평당 3,868만 원으로 제일 비쌉니다. 다음으로 동작동 3,108만 원, 본동 2,847만 원, 상도동 2,689만 원입니다. 이어서 사당동 2,654만 원, 노량진동 2,594만 원, 대방동 2,554만 원이고 끝으로 신대방동이 1,972만 원 순입니다. 동작구에서 제일 비싼 아파트는 흑석동 아크로리버하임으로 최고 평당 5,420만 원입니다. 그럼 이제부터 동작구 아파트를 하나씩 살펴볼까요?

좌우로 넓게 펼쳐진 상도동

상도동은 동작구 가운데에 위치하며 좌우로 상당히 넓게 펼쳐져 있습니다. 아파트로 볼 때 좌측과 우측으로 구역이 구분되어 있기도 하고요. 먼저 7호선 숭실대입구역을 기준으로 북쪽에는 상도래미안3차가 있습니다. 남쪽에는 상도엠코타운애스톤파크에서 명칭이 변경된 힐스테이트상도프레스티지, 상도엠코타운센트럴파크에서 명칭이 변경된 힐스테이트상도센트럴파크가 있습니다.

힐스테이트상도센트럴파크

이름이 길어 다소 복잡하죠?

세 아파트 전부 동작구에서 제일 높은 고지대에 있습니다. 2004년에 입주한 상도래미안3차는 1,656세대, 2013년에 입주한 힐스테이트상도프레스티지는 882세대, 2012년에 입주한 힐스테이트상도센트럴파크는 1,559세대가 거주합니다.

84m² 가격을 볼까요? 2018년 여름에 각각 평균 8억 원, 9.8

상도더샵1차

억 원, 그리고 9.8억 원이었습니다. 2020년 1월에는 평균 11억 원, 11.7억 원, 12억 원이 되었습니다.

7호선 장승배기역 바로 옆에는 상도파크자이와 조금 떨어져 위치한 상도더샵1·2차가 자리하고 있습니다. 같은 상도동에 있지만 숭실대입구역과는 다른 생활권이라 할 수 있어요.

2018년 여름 84m² 가격은 상도파크자이가 평균 11.5억 원, 상도더샵이 8.7억 원이었습니다. 2020년 1월에는 각각 평균 14.7억 원과 11.5억 원이 되었습니다. 아무래도 가장 최근인 2016년에 지은 상도파크자이가 비싼 것을 알 수 있습니다.

재개발로 주목받는 노량진동·본동

노량진동은 재개발로 많은 관심을 받고 있는 곳입니다. 여기서는 신동아리버파크를 봐야 합니다. 2001년에 입주했고 1,696세

신동아리버파크

삼성래미안트윈파크

대가 거주하는 단지입니다. 장승배기역과 상도역 사이에 위치합니다. 84m²가 2018년 여름 평균 6.9억 원에서 2020년 1월에는 평균 8.5억 원이 되었죠.

한편 본동에 위치하고 9호선 노들역에 가까운 삼성래미안트윈파크는 2011년에 입주한 단지입니다. 523세대가 사는 이 아파트의 특징은 한강이 보이는 곳에 있다는 거죠. 한강 조망권 가치를 인정받아 84m²가 2018년 여름 평균 11.3억 원에서 2020년 1월에 평균 14억 원이 되었습니다.

여러 브랜드 단지가 밀집된 사당동

사당동에는 여러 아파트가 밀집되어 있습니다. 여기 있는 단지들은 사당역보다는 한 정거장 떨어진 4·7호선 이수역에 가깝습니다. 비록 경사 있는 곳에 자리하지만 더블 역세권만으로도 선호도가 높다고 볼 수 있겠죠.

2018년에 입주해 가장 신축인 래미안이수역로이파크와 2011년 입주한 두산위브트레지움을 보겠습니다. 두산위브트레지움은 이수역에서 한 정거장 떨어진 7호선 남성역 바로 앞에 있는 초역세권 아파트입니다. 래미안이수역로이파크는 남성역에서 약 900m쯤 떨어져 있고요. 84m² 가격을 보니 2018년 여름 평균 각각 12.5억 원과 12.9억 원이었습니다. 2020년 1월에는 각각 평균 14.7억 원과 14억 원을 기록했고요.

래미안이수역로이파크   두산위브트레지움

원래 동작구에서 강남에 가려면, 방배동을 통해 ㄷ자로 돌아가거나 이수교차로 부근으로 우회해야 했습니다. 가장 빠르게 갈 수 있는 길에 국군정보사령부가 자리 잡고 있었기 때문이죠.

그러다가 국군정보사령부가 옮겨 가고 이 부지에 서리풀터널이 뚫리면서, 이수역사거리에서 서초역까지 차로 5분 만에 갈 수 있게 되었습니다. 그만큼 강남과 더 가까워진 입지에 신축의 위력이 더해지니 가치가 크게 상승한다는 것을 알 수 있습니다.

사당동에서도 특히 이수역 일대에는 여러 건설사에서 지은 아파트들이 마치 하나의 단지처럼 모여 있습니다. 브랜드만 다를 뿐 대단지처럼 움직이므로, 세대수가 적은 단지라도 함께 살펴보면 됩니다. 참고로 2018년 여름 평균 9.4억 원이던 이수역리가 84m²가 2020년 1월 평균 12억 원이 되었습니다.

강남 입성을 꿈꾸는 흑석동

흑석동은 신축 아파트가 많이 들어서며 더욱 주목받고 있습니다. 여기서 살펴볼 단지로는 흑석한강센트레빌1·2차와 흑석한강푸르지오가 있습니다. 우선 흑석한강센트레빌1차는 평지에 자리하고 있으면서 9호선 흑석역에 가깝습니다. 2차는 역까지 조금 걸어야 하고요. 2011년에 입주한 1차는 655세대, 2012년에 입주한 2차는 963세대입니다. 1차는 현충원이 가까운 숲세권이죠. 동에 따라 다르지만 한강이 보이는 세대도 있고요.

2018년 여름 84m²의 평균 가격을 볼까요? 흑석한강센트레빌1차가 11.7억 원, 2차가 10.5억 원, 흑석한강푸르지오가 11억 원이었습니다. 2020년 1월에는 각각 평균 14.7억 원과 12.3억 원, 그리고 13억 원이 되었죠. 흑석동 재개발 호재가 꽤 많이 언급된 것치고는 상대적으로 가격이 엄청나게 비싸지는 않습니다.

흑석한강센트레빌1차

명수대현대

한강현대

올림픽대로를 타고 강남에서 서쪽으로 이동할 때 보이는 명수대현대와 한강현대도 빼놓을 수 없죠. 둘 다 30년이 넘은 아파트로 명수대현대는 660세대, 한강현대는 960세대가 있습니다. 이 단지들은 한강이 보일 뿐 아니라 재건축 이야기도 진행되고 있는 만큼, 계속 주시할 필요가 있습니다. 2020년 1월에 84m² 기준으로 둘 다 평균 12.5억 원을 기록했습니다.

아파트 투자,
한 가지 길만 생각하지 마라

최근 서울 아파트는 연일 가격이 상승했습니다. 지금까지 살펴본 내용을 봐도 알 수 있듯, 기간을 길게 잡을 필요도 없이 단 몇 년 사이에 서울 대부분 지역의 아파트가 그랬습니다. 이렇게 가격이 상승한 것은 과연 투자자들의 투기에 따른 결과일까요?

통념과 달리 투자자들은 생각보다 돈이 없습니다. 대부분의 투자자들은 지금처럼 매매 가격과 전세 가격 차이가 심할 때 감히 투자할 엄두를 내지 못합니다. 우리나라에서는 데이터가 공개되어 있습니다. 부동산 분야도 마찬가지입니다. 이미 수많은 데이터가 쌓여 있죠. 서울에서 아파트를 구입하고 현재 거주하고 있는지 여부도 알 수 있을 정도입니다.

아파트를 매수한 후에 거주하지 않고 있다는 것은 갭 투자를 했다는 뜻입니다. 이를 두고 언론 등에서는 갭 투자자가 서울 아파트 가격을 올리고 있다고 말합니다. 제 생각은 다릅니다. 현재의 아파트 가격 상승은 투자자가 아닌 실거주자의 매수에 따른 결과입니다. 실거주자가 매수했는데 거주하지 않는다는 점이 의아할 수 있습니다. 그러나 가격이 상승할 때 이런 현상이 나타납니다.

살고 싶은 아파트가 있지만 당장은 매수할 여력이 안 되는 경우가 많습니다. 그나마 이 아파트의 전세 가격이 높다면, 상대적으로 적은 투자금을 갖고 매수할 수 있겠죠. 생각보다 이런 경우가 많습니다. 제 강의를 들었던 분 중 지방 중소 도시에 거주하는 분이 있었습니다. 당장은 서울에 입성하기 힘들지만 아이가 초등학교에 들어갈 나이가 되면 서울로 이주하고 싶다는 생각을 갖고 있었죠.

문제는 서울 아파트 가격이 계속 상승하고 있었다는 겁니다. 이러다간 서울에 입성하지 못할 것 같은 조바심이 커졌습니다. 더 이상 참지 못하고 2017년 여름, 이분은 성동구 래미안옥수리버젠을 전세 끼고 매수했습니다. 결과적으로 가격이 많이 올라 시세 차익을 얻었습니다만, 일차적 목적은 실거주였던 거죠.

많은 사람들이 고민을 토로합니다. 살고 싶은 아파트가 있는데 도저히 들어갈 능력이 안 된다고 말입니다. 또는 현재 거주하고 있는 집에 모든 자금을 투입해, 더는 투자할 여력이 없다고 말이죠. 저는 이럴 때는 살고 싶은 아파트에 전세나 월세로 들어가라고 말씀드리고 싶습니다. 무슨 뚱딴지같은 소리냐고요?

모든 편의 시설은 자가나 임대나 똑같이 누릴 수 있습니다. 그렇다면 굳이 자가로 거주할 이유는 없습니다. 궁극적인 목적이 순자산 증식이라면, 저는 자가로 거주하기보다는 전세로 살면서 남은 돈으로 투자하는 것이 더 좋다는 입장입니다. 그러면 거주 만족도도 높이고 자산 증식이라는 목표도 달성할 수 있거든요. 거주하는 아파트 가격이 올라도 그다지 의미는 없습니다. 어차피 그 돈으로 다른 곳에 이사를 가려 해도 가격은 비슷합니다. 전세로 살면 전세보증금을 올려줘야 하는 어려움은 있겠지만, 자신이 투자한 아파트도 대체로 전세 가격이 올랐을 가능성이 큽니다.

자산 증식이라는 측면에서는 거주하는 아파트가 상승하는 것이나, 보유하고 있는 아파트가 상승하는 것이나 결과는 같습니다. 가용 자금과 현금 흐름이라는 측면에서는 전자보다는 후자가 훨씬 더 좋습니다. 처음에는 다소 어려울지라도 그런 식으로 자산을 늘리다 보면 무엇인가 시도할 여유가 생깁니다. 이런 식으로 접근하다가 좀 더 여유가 생겼을 때 살고 있는 아파트를 보유하면 됩니다.

현재 보유한 아파트 가격이 너무 높아 매도를 고민하는데, 이 아파트에서 계속 거주하고 싶은 경우도 있습니다. 만족도가 높기 때문이죠. 그렇다면 이 아파트를 매도한 후 같은 단지에 전세로 거주하는 방법도 있습니다. 남은 차익은 보유하고 있다가 나중에 가격이 하락하면 그때 또다시 매수하면 됩니다. 그도 아니면 해당 아파트를 매도하지 말고 전세를 놓고 나도 전세로 사는 것도 방법입니다. 물론 인플레이션과 가격 상승폭, 추세 등을 면밀히 살펴보고 결정해야겠죠. 제 말의 핵심은, 한 가지 길만 생각하면 시야가 좁아져 잘못된 판단을 내릴 수 있으니 다양한 방법을 따져봐야 한다는 것입니다.

우리나라에는 전세라는 워낙 훌륭한 제도가 있기에 적은 돈으로도 똑같은 커뮤니티와 혜택을 누릴 수 있습니다. 아울러 너무 오래 살면 좀 지겹기도 하고 리모델링하기도 애매합니다. 그럴 때 전세를 살고 있다면 얼마든지 다른 동이나 층으로 이사할 수 있죠. 문제는 이렇게 했을 때 자산 증식이라는 측면에서는 다소 손해를 보는 것 같다는 것인데, 이때는 차액으로 투자를 하면 됩니다. 어차피 자산 증식 측면에서는 같은 효과를 낼 수 있으니까요. 실제로 부동산 투자를 전문적으로 하는 분들 중에는 이른바 비싸다고 하는 아파트에 실거주하는 경우가 드뭅니다. 많은 돈을 깔고 살 필요가 없다는 거죠.

이것이 살고 싶은 아파트에 살면서 사고 싶은 아파트도 살 수 있는 방법입니다. 물론 실거주보다는 투자에 좀 더 방점을 찍는다면 그렇습니다. 투자보다 실거주가 더 중요한 목적이라면, 제가 쓴 『부동산의 보이지 않는 진실』이나 『집 살래 월세 살래』를 읽어보면 답을 찾을 수 있을 겁니다. 자본주의 사회에 살면서 외면하기 힘든 진실을 피하기보다는 다양한 방법으로 자산 증식을 위해 노력할 필요가 있습니다. 아무쪼록 이 책이 여러분의 성공적인 아파트 투자에 도움이 되기를 바랍니다.

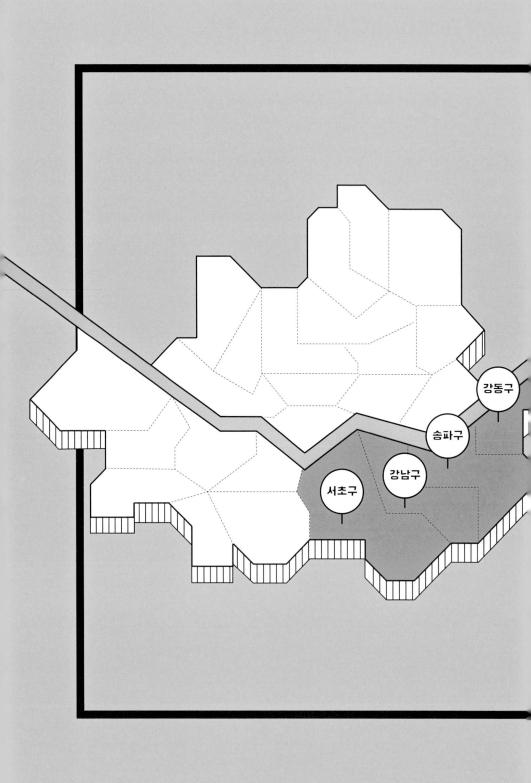

PART 5

동남권

강동구
송파구
서초구
강남구

강동구

인구	42.6만 명
아파트 물량	184개 단지 / 5만 7,467세대
평균 평당 가격	2,168만 원
지하철 노선	5·8·9호선
주요 생활환경	한강공원 등 다양한 공원, 강동경희대병원
특징	둔촌주공 재건축에 대한 기대감

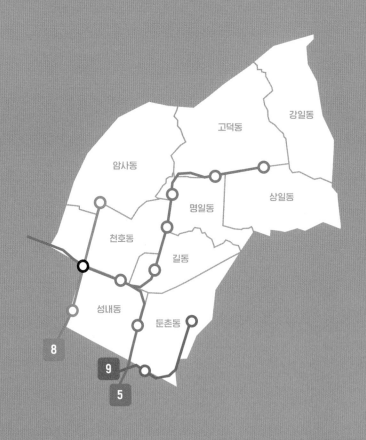

수도권 동쪽에서 서울로 진입할 때 좌측으로 가장 먼저 만나는 곳이 강동구입니다. 원래는 성동구였으나, 강남구가 분리되면서 강남구에 속했다가 분구되었습니다. 일부 동을 송파구에 나눠준 후 1988년에 지금의 강동구가 되었죠.

강동구는 최근 곳곳에서 아파트가 대규모로 재건축되면서 많은 사람들의 주목을 받고 있습니다. 고덕동은 워낙 많은 아파트가 들어서면서 변화할 가능성이 무척 큰 곳입니다.

그런데 역설적으로 강동구는 쉽게 개발될 수 있는 곳은 아닙니다. 신석기시대 유적이 많기 때문입니다. 특히 암사동 유적은 4대 신석기시대 생활 유적 중 하나입니다. 그러다 보니 토지를 파다 보면 각종 유물이 나올 가능성이 높습니다. 지역 주민들은 개발하지 못하는 데 따른 불만이 있겠지만, 이런 속사정이 있다 보니 아파트를 건축하기도 힘들죠. 따라서 기존 아파트를 부수고 재건축하는 것이 가장 좋은 방법일 것 같습니다.

강동구에는 무엇보다 공원이 참 많습니다. 공원이 전부 구 외곽에 밀집되어 있다는 점이 좀 아쉽기는 해도 말이죠. 또 강동구 오른쪽에는 서울외곽순환도로가 있습니다. 그 때문에 다소 이질적인 느낌이 드는 강일동의 경우, 강동구 관할임에도 미사신도시인 줄 착각하는 분들이 많죠.

강동구에서는 천호역 로데오거리가 상권이 가장 발달한 곳입니다. 다른 지역에 비해서는 덜 번화하다고 할 수도 있겠지만, 제가 볼 때는 그게 장점입니다. 이곳은 도로가 좁은 관계로 사람들이 흘러가는 상권이 아닌, 머물 수 있는 상권이거든요. 주말에는 젊은 사람들로 북적이는 것을 보면 말이죠.

아쉬운 점은 강남 접근성이 다소 떨어지는 교통입니다. 현재 강동구에는 지하철 5·8·9호선이 다닙니다. 그나마 9호선이 생기며 강남 접근성이 좋아졌지만, 8호선은 잠실역과 연결되어 있을 뿐입니다. 5호선은 강동역을 기점으로 마천 방면과 상일동 방면으로 노선이 나뉩니다. 잘못 타면 엉뚱한 곳으로 가게 되므로 강동역에서는 항상 안내 방송이 나오죠.

강동구 인구는 42.6만 명입니다. 곳곳에서 재개발이 아닌 재건축이 진행되고 있어 향후 인구가 더 늘어날 가능성이 큽니다. 2018년 기준 아파트 184개 단지에 5만 7,467세대가 거주하고 있죠. 500

세대 이상 아파트는 총 43개입니다. 그중 강일동이 12개 단지로 가장 많고 명일동 8개 단지, 암사동과 천호동이 각각 5개 단지입니다. 성내동과 길동은 각각 4개 단지, 고덕동 3개 단지, 둔촌동 2개 단지 순이네요.

강동구 아파트의 평균 평당 가격을 살펴볼까요? 강동구는 2,168만 원으로 서울에서 13위입니다. '강남 4구'라는 별칭으로 사람들 입에 오르내리는 것에 비해서는 생각보다 높지 않습니다. 평당 가격은 고덕동이 3,473만 원으로 제일 높습니다. 다음으로 명일동 2,762만 원, 상일동 2,733만 원, 강일동 2,418만 원, 암사동 2,402만 원, 둔촌동 2,283만 원입니다. 이어서 성내동 2,063만 원, 천호동 1,850만 원, 길동 1,730만 원 순입니다.

강동구에는 2019년 12월에 입주한 고덕센트럴아이파크를 필두로 2020년에 고덕아르테온, 고덕롯데캐슬베네루체, 고덕센트럴푸르지오, 2021년에 고덕자이 등 거의 1만 세대나 되는 신축 아파트가 공급될 예정입니다. 게다가 둔촌동에 있는 둔촌주공은 무려 1만 2,032세대가 공급될 예정으로 국내 최대 규모의 재건축이 될 것으로 보입니다. 그만큼 사람들의 관심이 아주 뜨겁죠. 5호선 둔촌동역과 9호선 둔촌오륜역이 재건축될 아파트 단지 옆에 이미 있으니 향후 강동구에서 대장 중의 대장이 될 곳입니다.

그 외에도 곳곳에서 현재 재건축을 추진하는 중이라 향후 강동구의 상당히 많은 지역이 지금 모습과는 완전히 다르게 바뀔 것으로 보입니다.

강동구 아파트 시장을 이끄는 고덕동

서울외곽순환도로 좌측 건너편에 있는 고덕동에는 많은 신축 아파트가 들어서고 있습니다. 2016년 입주한 고덕래미안힐스테이트는 '고래힐'이라는 약칭으로 강동구에서 가장 유명한 아파트가 되었죠. 3,658세대가 거주하고 있습니다. 84m²가 2018년 여름 평균 10.3억 원이었다가 2020년 1월 평균 13.5억 원이 되었습니다.

고덕래미안힐스테이트 옆에 있는 고덕아이파크는 어떨까요? 같은 면적이 2018년 여름 평균 10.3억 원이었습니다. 2020년 1월에는 13.5억 원이 되었고요. 두 단지가 동반 상승하는 관계라고 할 수 있겠네요.

가장 신축인 고덕그라시움도 살펴보겠습니다. 이곳은 앞서 언급한 것처럼 강동구에서 제일 비싼 아파트로 최고 평당 4,600만 원입니다. 2019년 9월 입주한 신축에, 5호선 상일동역이 바로 앞에 있습니다. 또 4,932세대인 대단지이니 가격대가 높을 수밖에 없습니다. 2020년 1월에 평균 15억 원이었는데, 이는 분양 당시에 비해 2배 넘게 상승한 가격입니다.

고덕래미안힐스테이트

고덕아이파크

재건축 추진 단지가 많은 명일동

현재 명일동에서는 여러 아파트의 재건축을 추진하고 있는데, 여기서는 두 곳을 살펴보려고 합니다. 먼저 5호선 고덕역 앞에 있는 신동아입니다. 1986년 입주해 30년이 넘은 아파트로, 570세대가 거주합니다. 재건축 이후가 기대되면서 전용 81㎡가 2018년 여름에 평균 8.8억 원, 2020년 1월에 평균 11.3억 원이었습니다.

신동아

삼익그린맨션2차

신동아와 공원 하나를 사이에 두고 2,400세대가 사는 삼익그린맨션2차가 있습니다. 1983년 입주한 아파트로, 강동구의 최근 추세를 볼 때 이곳 역시 재건축될 것으로 예상됩니다. 게다가 단지 안에 고명초등학교가 있는 초품아 단지입니다. 2018년 여름에 84m²가 평균 8.7억 원, 2020년 1월에 11.5억 원이었습니다.

선사 유적이 많은 암사동

암사동에서는 두 아파트를 살펴보겠습니다. 5호선 명일역 근처의 강동롯데캐슬퍼스트, 그리고 8호선 암사역 근처에 있어 한강변에서 서울로 진입할 때 첫 번째로 볼 수 있는 선사현대입니다. 강

동롯데캐슬퍼스트는 2008년에 입주했고 3,226세대입니다. 선사현대는 2000년에 입주한 아파트로 2,938세대가 거주하고요. 선사현대에서는 한강이 보이며 암사둔치생태공원이 가깝죠.

　　두 단지의 넓이는 다르지만 비슷한 84m²와 83m² 가격을 비교해볼까요? 2018년 여름에 각각 평균 9억 원과 7.5억 원이었습니다. 2020년 1월에는 각각 11.5억 원과 10억 원이 되었고요. 한 가지 조언을 드리면, 선사현대는 같은 단지 내에서도 한강 조망권에 따라 가격이 천차만별이라는 점을 꼭 기억하세요.

강동롯데캐슬퍼스트

선사현대

강동구의 구도심 천호동

한편 강동구의 구도심이라 할 수 있는 천호동에는 5호선 강동역 바로 위에 래미안강동팰리스가 있습니다. 주상 복합이긴 하지만, 2017년에 입주한 비교적 신축이고 워낙 초역세권이라 살펴볼

래미안강동팰리스

만합니다. 지하 주차장과 강동역이 연결되어 있어 주민들의 만족도가 매우 큽니다.

강동역은 상일동역 방면과 마천역 방면이 나뉘는 역으로, 천호동로데오거리나 천호역도 모두 걸어서 10분 거리에 있습니다. 999세대가 있는 이 아파트는 84m²가 2018년 여름 평균 11억 원, 2020년 1월 14억 원이었습니다.

송파구

인구	67.6만 명
아파트 물량	161개 단지 / 11만 4,723세대
평균 평당 가격	3,024만 원
지하철 노선	2·3·5·8·9호선, 분당선
주요 생활환경	롯데월드타워, 올림픽공원, 아산병원 등
특징	잠실주공5단지 재건축 호재 기대

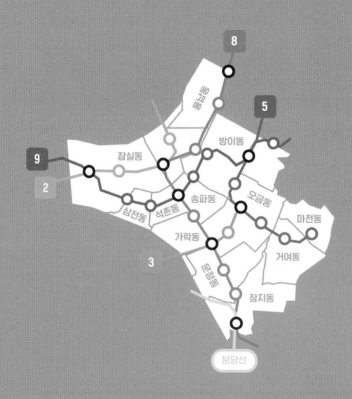

강남 입지와 숲세권이 만난 송파구

'송파'는 송파강, 송파나루, 송파산대놀이 등에서 유래한 명칭으로, 원래 송파구는 강동구였습니다. 분구될 당시 88올림픽을 앞두고 있어 '올림픽구'라는 이름을 붙이자는 의견이 무척 많았고, 일부는 잠실구로 하자는 의견도 있었다고 합니다.

실제로 송파구에는 88올림픽을 개최한 주경기장이 있습니다. 지금은 제대로 활용되지 못해 서울시에서 여러모로 활용 방안을 모색하고 있고요.

송파구에서 인지도가 가장 높은 동네는 잠실입니다. 과거의 잠실은 여의도와 같은 섬이었으나, 물을 매워 지금의 모습이 되었습니다. 특히 롯데월드는 잠실의 랜드마크와 같은 곳이죠. 전 국민은 물론 외국인도 찾는 곳입니다. 여기에 롯데월드타워와 롯데월드몰이 생기면서 더욱 많은 사람들이 방문하는 곳이 되었죠.

또 청계천을 개발하며 상인들을 이주시킨 가든파이브도 있습니다. 근처 문정법조타운이 생기며 상권 활성화를 기대했으나 예상만큼 잘되지는 않았죠. 여기에 가락농수산물종합도매시장도 빼놓을 수 없습니다.

잠실운동장이 있어 사람들이 많이 찾는 신천동은 상권이 매우 발달했습니다. 과거에 비해서는 다소 퇴색했지만, 여전히 많은 사람들이 이곳을 찾아 음주가무를 즐기죠. 신천동은 상권만 유명한 곳은 아닙니다. 송파구의 허파 역할을 하는 올림픽공원은 물론, 한성 백제의 중심지라는 위상도 함께 갖추고 있습니다.

삼전동은 병자호란 당시의 삼전도 굴욕에서 비롯된 지명입니다. 위례동은 한성 백제의 도읍지에서 유래했고요. 그러고 보면 송파구는 강남 일대에서 보기 드물게 과거와 현대가 공존하는 지역이라 할 수 있습니다.

송파구는 교통 여건도 무척 좋습니다. 2·3·5·8·9호선에 분당선까지 있으니 주요 황금 노선은 전부 지나간다고 할 수 있죠. 자체적으로 강남 접근성이 좋을 뿐만 아니라, 경기도 광주나 남양주 등에서도 광역버스 등이 잠실로 올 정도입니다.

송파구는 인구도 많습니다. 무려 67.6만 명으로 서울에서 인구가 가장 많을 뿐만 아니라, 웬만한 지방 도시보다 많습니다. 이를테면 전라북도에서 인구가 가장 많은 도시가 전주인데, 전주 인구가 65.4만 명입니다.

2020년 기준으로 송파구에서는 아파트 161개 단지에 11만 4,723세대가 거주하고 있습니다. 500세대 이상 아파트는 총 57개 단지고요. 장지동이 11개로 가장 많고, 다음으로 잠실동 9개, 가락동 8개, 문정동 6개입니다. 이어서 송파동 5개, 풍납동 4개, 방이동과 신천동, 오금동, 거여동이 각각 3개, 마지막으로 마천동 2개입니다.

송파구 아파트의 평균 평당 가격은 3,024만 원으로 서울에서 5위입니다. 평당 가격이나 순위가 예상보다 낮다는 생각이 드셨나요? 그 이유는 송파구 내에서도 동별 가격 차이가 꽤 크기 때문입니다.

누구나 예측하듯 잠실동이 평당 4,653만 원으로 제일 높습니다. 다음으로 장지동 3,654만 원, 석촌동 3,210만 원입니다. 이어서 신천동 3,203만 원, 송파동 3,056만 원, 문정동 2,804만 원, 가락동 2,772만 원, 풍납동 2,578만 원, 오금동 2,570만 원입니다. 또 거여동 2,417만 원, 방이동 2,294만 원, 마천동 2,112만 원 순이고요. 송파구에서 제일 비싼 아파트는 잠실동 리센츠로 최고 평당 7,890만 원입니다.

위례신도시가 걸쳐 있는 장지동

장지동이라 하면 고개를 갸웃할 수 있는데, 위례신도시와 맞

닿은 곳입니다. 위례신도시 일부가 송파구에 포함되어 있습니다. 장지동은 송파구에서 '상대적으로' 저렴한 아파트를 찾는 분들이 눈여겨볼 만한 곳입니다. 이 일대는 임대용 아파트가 많다 보니 중소형 아파트가 주를 이루거든요.

우선 송파파인타운이 있습니다. 500세대가 조금 넘고 2007년에 입주한 송파파인타운10단지 전용 82m²가 2020년 1월에 10.2억 원이었습니다. 송파파인타운13단지는 197세대로 세대수가 다소 적긴 합니다만, 아직 10년 정도밖에 되지 않은 단지입니다. 2020년 1월에 13단지 전용 114m²는 11.7억 원이었습니다. 참고로 이곳은

송파파인타운10단지

송파위례24단지꿈에그린

113m² 및 114m²만 있는 중·대형 면적입니다.

8호선 장지역에서 가장 가까운 송파위례24단지꿈에그린도 살펴보겠습니다. 2013년에 입주한 아파트로 총 1,800세대가 거주합니다. 위례신도시가 걸쳐 있는 동네다 보니, 근처 아파트들이 대부분 신축 단지입니다. 84m²가 2018년 여름 10.7억 원이었다가 2020년 1월 13.5억 원이 되었습니다.

법조타운 이전으로 주목받는 문정동

서울동부지방검찰청과 서울동부지방법원을 비롯해 법조 기관들이 문정동으로 이전하면서, 문정동은 갈수록 주목받고 있습니다. 이곳에서 살펴볼 아파트는 올림픽훼밀리타운입니다. 단지 바

올림픽훼밀리타운

송파파크하비오푸르지오

문정래미안

로 위에 가락시장이 있고, 우측에는 3·8호선 가락시장역이 있는 더블 역세권 아파트죠. 동과 동 간격이 넓어 무척 쾌적합니다.

무려 4,494세대나 되는데다 1988년에 입주한 아파트인지라 재건축 이야기가 꾸준히 나오기는 합니다만, 워낙 튼튼하게 건축했기에 현실성은 두고 봐야 합니다.

84m²가 2018년 여름에 평균 12억 원이었다가 2020년 1월에는 15억 원이 되었습니다. 사실 강남권 아파트들의 가격이 상승하기 시작할 때, 올림픽훼밀리타운은 다소 늦게 상승해 주민들의 불만이 있었습니다. 그러다가 2017년부터 본격적으로 오르기 시작했죠.

여기에 송파파크하비오푸르지오와 문정래미안도 주시할 필요가 있습니다. 999세대가 사는 송파파크하비오푸르지오는 2016년에, 1,696세대가 사는 문정래미안은 2004년에 입주했습니다. 송파파크하비오푸르지오는 장지역 초역세권인 것이 큰 장점이죠.

2018년 여름에 84m²가 송파파크하비오푸르지오는 평균 13억 원, 문정래미안은 평균 10.5억 원이었습니다. 2020년 1월에는 각각 평균 14억 원과 평균 12억 원이 되었습니다.

가락시장으로 유명한 가락동

가락동에서는 옛 성동구치소 자리 근처에 있는 래미안파크팰리스와 가락쌍용1차를 보겠습니다. 래미안파크팰리스는 5호선 개롱역이 바로 옆에 있습니다. 그뿐만 아니라 도보 10분 거리에 3·5호선 환승역인 오금역도 있죠.

가락쌍용1차는 단지 내에 가주초등학교와 송파중학교가 있는 것이 장점입니다. 특이하게도 단지 내에 놀이터가 무려 7개나 있습니다. 하나의 단지 안에 이렇게 놀이터가 많은 아파트는 제 기억에 이곳 말고는 없었습니다.

래미안파크팰리스   가락쌍용1차

두 아파트 가격을 살펴보면 84m²가 2018년 여름에 각각 평균 11.3억 원과 8.5억 원이었습니다. 2020년 1월에는 각각 평균 14.5억 원과 12.5억 원이 되었고요. 그러고 보면 가락쌍용1차가 많이 상승하면서 거의 1억 원이나 가격 차이가 줄어들었네요. 참고로 두 아파트 사이에 있는 극동도 재건축 이슈가 있으니 관심을 갖는 것이 좋습니다. 극동은 2020년 1월에 12.5억 원이었습니다.

올림픽공원 숲세권이 돋보이는 방이동

방이동에는 올림픽선수기자촌이 1단지부터 3단지까지 있습니다. 1989년에 입주했고 5,500세대가 넘는 아파트입니다. 지도를 보면 재미있게도 단지가 부채처럼 생긴 것을 알 수 있습니다.

이 아파트의 가장 큰 장점은 쾌적한 숲세권이라는 것입니다. 바로 앞에 올릭픽공원이 있는데, 산책하는 데만 1~2시간은 족히

올림픽선수기자촌

걸릴 정도로 넓거든요. 또 단지 사이를 흐르는 성내천 주변도 산책하기 좋은 코스입니다. 주민들이 좀처럼 이사 가고 싶어 하지 않을 만큼 실거주 만족도가 매우 높죠. 여기에 5·9호선 올림픽공원역이 있는 더블 역세권이기도 합니다.

재건축 이야기가 나오다 보니 30년이 넘은 아파트임에도 가격이 비쌉니다. 2020년 1월에 전용 83m²가 평균 17.5억 원이었죠. 북쪽으로 길 건너 둔촌주공1단지가 재건축 진행 중이니, 올림픽선수기자촌의 재건축도 시간문제라는 생각이 듭니다.

재건축이 기대되는 신천동

신천동에는 6,864세대나 되는 파크리오가 있습니다. 2호선 잠실나루역에서 가깝고 올림픽공원도 이용 가능하며, 손꼽히는 상급 종합병원인 아산병원이 근처에 있습니다. 롯데월드도 걸어갈

장미

수 있는 위치니 선호도가 높을 수밖에 없겠죠. 84m²가 2018년 여름에 평균 14억 원, 2020년 1월에는 평균 17.5억 원이었습니다.

파크리오 건너편에 있는 진주와 미성은 재건축에 들어갔습니다. 이미 이주가 완료되었고 현재는 철거 중이죠. 새 아파트가 들어서면 근처에 신축이 간만에 생기게 되어 가격이 아주 높을 것으

파크리오

로 예상합니다.

잠실나루역을 사이에 두고 파크리오와 마주 보는 장미도 있습니다. 역시 금방 시작할 수 있는 상황은 아니지만, 재건축 추진 후 장미까지 새 아파트가 된다면 신천동의 지형도는 완전히 달라질 것으로 보입니다.

명실상부한 송파의 상징 잠실동

잠실동은 어느 곳 하나 소홀히 넘길 아파트가 없는, 그야말로 뜨거운 감자 같은 곳입니다. 뭐니 뭐니 해도 잠실엘스와 리센츠가 맞수 중의 맞수죠. 둘 다 2008년에 입주했고 5,500세대가 넘을 정도로 대단지입니다. 각 단지 안에 초·중·고등학교가 모두 있는 것도 특징이죠. 리센츠 길 건너편에 있는 트리지움까지 합하면, 이

잠실엘스   잠실주공5단지

세 단지는 잠실이 송파구의 대명사로 자리 잡는 데 결정적인 역할
을 한 아파트들이라고 할 수 있습니다. 잠실엘스와 리센츠가 매매
가격 면에서 앞서가긴 합니다만, 트리지움도 탄탄한 실수요 덕분
에 전세 가격은 높은 편입니다.

　84m² 기준으로 2018년 여름에 잠실엘스가 평균 15.5억 원, 리
센츠가 평균 15.5억 원, 트리지움이 평균 14.5억 원이었습니다.
2020년 1월에는 잠실엘스와 리센츠가 평균 19.5억 원, 트리지움이
평균 18.5억 원이 되었습니다. 잠실엘스와 리센츠는 1년 6개월 만
에 무려 4억 원이 올랐네요.

　참고로 위 세 단지는 지난 상승기의 정점에 다 합쳐 1만 5,000
세대가 넘는 공급으로 인근 지역의 전세 가격을 폭락시키며 근처
까지 여파를 미쳤습니다. 그러다가 공실이 다 찬 후에는 또다시 전
세 가격 폭등을 불러일으켰죠.

　이번에는 재건축의 상징이 된 잠실주공5단지를 살펴볼까요?
재건축 여부에 대해 계속해서 설왕설래가 있지만, 어쨌든 잠실 한

아시아선수촌   우성1·2·3차

복판 역세권에 위치한 아파트이니 변신이 기대될 수밖에 없습니다. 2020년 1월 기준 전용 84m²의 평균 매매 가격이 19.6억 원이라는 사실이 이를 반영합니다.

또 전용 99m²가 제일 적은 면적일 정도로 중·대형 위주인 아시아선수촌도 있습니다. 1,300세대가 조금 넘고 2호선 종합운동장역 근처에 위치하죠. 1986년에 입주한 단지라 언젠가는 재건축을 하겠지만, 현재까지는 감감무소식입니다. 그럼에도 재건축 기대 효과로 2020년 1월 기준 매매 가격이 평균 24억 원이나 됩니다.

아시아선수촌 바로 옆에는 우성1·2·3차도 있습니다. 1981년에 입주했고 1,800세대가 조금 넘는 단지입니다. 잠실야구장과 매우 가까워 프로야구 경기가 열리는 날에는 관중의 환호 소리가 들리죠. 삼성역과 지하철로 한 정거장 떨어져 있다는 점도 눈여겨볼 만합니다. 삼성동에 현대차그룹의 글로벌비즈니스센터가 들어서면 가장 큰 혜택을 입지 않을까 예상합니다.

서초구

인구	43.1만 명
아파트 물량	217개 단지 / 7만 2,376세대
평균 평당 가격	3,985만 원
지하철 노선	2·3·4·7·9호선, 신분당선
주요 생활환경	한강공원, 양재시민의숲, 풍부한 문화 시설, 주요 관공서와 기업 소재
특징	빠질 것 없는 거주 환경, 반포주공 재건축에 대한 기대

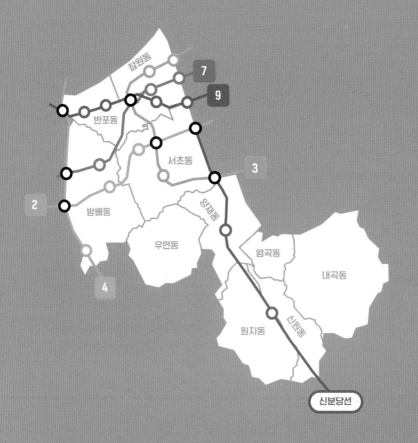

현재 대한민국에서 제일 비싼 주택이 모여 있는 곳 중 하나가 서초구입니다. 서울에서 면적이 가장 넓은 구인 서초구는 예술의 전당 앞 남부순환도로를 기준으로 크게 북쪽과 남쪽으로 나눌 수 있습니다. 우리가 흔히 말하는 서초구는 북쪽을 일컫죠.

서초구는 남쪽으로는 우면산이, 북쪽으로는 한강이 있어 풍수지리적으로도 좋습니다. 전국 어디나 갈 수 있는 경부고속도로는 서초구를 관통하고요.

또 서초구에는 대법원, 서울고등법원, 서울중앙지방법원, 대검찰청, 서울고등검찰청, 서울중앙지방검찰청을 비롯해 조달청 등 꽤 영향력 있는 관공서가 몰려 있습니다. 그 때문에 법원과 검찰청 근처에는 수많은 변호사 및 법무사 사무실, 그리고 관련 상권이 형성되어 있습니다.

여기에 서울고속버스터미널과 남부터미널까지 있죠. 예전만큼은 아니지만 전국 각지에서 온 사람들이 처음으로 보는 서울의 모습이 곧 서초구의 모습이라 해도 과언이 아닐 겁니다. 또 국내에서 제일 큰 공연 및 전시 공간인 예술의전당과 국립국악원박물관을 비롯해 국립중앙도서관도 있고요.

서초구에는 기업도 밀집되어 있습니다. 특히 재계 1위 삼성그룹 대부분의 계열사가 모인 삼성타운이 강남역 근처에 있죠. 상급 대학병원으로 꼽히는 서울성모병원도 고속터미널 근처에 있고요.

서초구에서 시작되는 반포대교는 세계 최장 교량 분수로 기네스북에 등재되어 있으며, 여름이면 독특한 무지개 분수를 볼 수 있습니다. 덕분에 반포한강공원은 사시사철 한강변을 산책하는 사람들로 북적입니다. 영화 〈어벤져스2〉 촬영지였던 플로팅 아일랜드도 이곳에 있죠.

한편 '서초구의 허파'라고 할 수 있는 양재시민의숲도 빼놓을 수 없습니다. 전통적으로 강남·서초 주민들의 나들이 장소로 자리매김해왔고, 지금은 다양한 편의 시설이 곳곳에 들어서 있습니다. 이렇게 볼 때 서초구에 부족한 것이 과연 뭘까, 하는 생각이 듭니다.

서초구 인구는 43.1만 명으로 적은 편은 아니지만, 강남 3구 중에서는 가장 적습니다. 서초구가 워낙 넓다 보니 인구밀도가 낮아 쾌적합니다. 지하철도 2·3·4·7·9호선은 물론 신분당선까지, 주요 노선은 전부 지나가는 것을 알 수 있습니다. 사실 이 노선들은 서초구로 온다고 표현해도 과언이 아니죠. 게다가 경부고속도로를 진·출입할 수 있는 양재IC, 서초IC, 반포IC, 잠원IC, 한남IC 등이 전부 위치할 만큼 서초구는 교통의 요지입니다.

2018년 기준으로 서초구는 아파트 217개 단지에 7만 2,376세대가 거주하고 있습니다. 500세대 이상 아파트는 총 35개 단지입니다. 서초동이 9개 단지로 제일 많습니다. 다음으로 잠원동과 방배동에 각각 6개 단지, 반포동에 5개 단지가 있습니다. 끝으로 우면동과 신원동이 각각 3개 단지, 내곡동 2개 단지, 양재동 1개 단지입니다.

서초구 아파트의 평균 평당 가격은 3,985만 원으로 서울에서 2위입니다. 반포동이 평당 6,494만 원으로 압도적인 1등입니다. 다음으로 잠원동이 평당 5,807만 원, 신원동이 3,968만 원, 내곡동 3,691만 원입니다. 이어서 우면동 3,557만 원, 방배동 3,475만 원, 양재동 3,440만 원, 서초동 3,412만 원 순입니다.

서초구에서 서초동이 제일 저렴한 것이 의외라고 할 수 있겠습니다. 그러고 보니 서초동과 반포동은 거의 2배의 가격 차이를 보이네요. 서초구에서 제일 비싼 아파트는 반포동에 있는 아크로리버파크로, 평당 최고 1억 원이 넘습니다. 그럼 지금부터 서초구 아파트를 하나하나 돌아볼까요?

서리풀터널로 주목받는 방배동

방배동은 2019년 서리풀터널이 개통되면서 주목받고 있습니다. 사실 이곳은 아파트보다는 재개발에 대한 관심이 뜨겁습니다. 프리미엄 10억 원 정도는 가볍게 이야기할 정도로 평범한 사람에게는 엄두가 안 나는 곳입니다.

방배동에서 우선 살펴볼 아파트는 7호선 내방역과 2호선 방배역 사이에 있는 방배서리풀e편한세상입니다. 84m²가 2018년 여름 평균 16.6억 원이었습니다. 2020년 1월에는 18.7억 원을 기록했고요. 2010년 입주해 496세대가 살고 있습니다.

방배역 남쪽에서는 신동아, 삼익, 임광 등이 재건축을 추진 중입니다. 모두 30년이 훌쩍 넘은 단지들로 같은 블록에 위치합니다. 상문고등학교 뒤편에 있는 방배아트자이는 353세대라 500세

방배서리풀e편한세상   임광

대 미만이긴 합니다만, 2018년에 입주한 이 근방의 비교적 신축 단지라 짚고 넘어가겠습니다. 84m²가 2020년 1월에 19.5억 원이 되었습니다. 방배동은 워낙 으리으리한 단독주택이나 고급 빌라가 많습니다. 아파트 역시 이를 따라가며 입지를 탄탄히 지켜갈 것으로 보입니다.

새 아파트가 속속 들어서는 서초동

과거 삼풍백화점으로 유명해진 삼풍은 중·대형 면적 위주입니다. 2·3호선 더블 역세권 교대역 근처에 있는 아파트로, 이 지역에서는 전통적인 대장 아파트였죠. 1988년 입주한 단지인데도 여전히 튼튼하고 주차 문제도 상대적으로 적습니다. 부모님들이 결혼한 자녀들을 같은 단지 내에 살게 할 정도로 만족도가 높은 곳입니다.

삼풍

이곳은 전용 79m²가 2018년 여름 평균 15.8억 원에서 2020년 1월 평균 20.5억 원이 되었습니다. 30년 된 아파트치고는 놀라운 상승 폭이죠.

강남역에서 뱅뱅사거리로 가다 보면 '우성아파트사거리'라고 불리는 곳이 나옵니다. 원래 우성과 무지개가 있던 곳인데, 현재는 재건축을 통해 래미안서초에스티지와 래미안서초에스티지S가 나란히 들어서 있습니다. 래미안서초에스티지S 건너편에는 래미안리더스원이 건축 중이고요. 이제는 거리 이름을 '래미안사거리'로 변경해야 하지 않을까 하는 생각이 듭니다.

2018년 여름 기준으로 두 단지의 84m² 가격을 비교해보겠습니다. 에스티지는 평균 18.5억 원, 에스티지S는 평균 19억 원이었습니다. 2020년 1월에는 각각 평균 23억 원과 25억 원이 되었죠.

에스티지S 바로 옆에서는 2021년 입주를 목표로 서초그랑자

롯데캐슬클래식

래미안서초에스티지

이가 건축 중입니다. 학군이 조금 아쉬울 순 있지만, 강남역까지 걸어갈 수 있는 아파트라 향후에도 그 가치는 꾸준히 높게 평가받을 것이라 봅니다.

이 밖에 1979년에 입주한 진흥도 재건축이 추진되고 있습니다. 강남역 위쪽에 있는 롯데캐슬클래식이나 서초푸르지오써밋, 래미안서초스위트, 두산위브트레지움 등은 상업지역 바로 옆이지만 한 블록을 건너야 해서 이쪽은 조용한 편입니다. 그중 제일 신축인 서초푸르지오써밋 84m²가 2018년 여름 평균 19억 원에서 2020년 1월에 평균 25억 원이 되었습니다.

모두가 인정하는 '강남의 강남' 반포동

최근 언론이나 사람들에게 가장 주목받는 반포동을 살펴보겠습니다. 1973년에 준공되어 3,590세대가 거주하는 반포주공1단지가 재건축으로 완전히 탈바꿈할 예정입니다. 조 단위의 건축비는 물론, 오페라하우스가 들어서는 등 단지 내에서 모든 것을 해결할 수 있는 아파트로 추진 중입니다. 현재는 기약 없이 연기되었지만, 138m²와 204m²의 경우 매매 가격이 40억 원이 훌쩍 넘습니다. 반포주공1단지 재건축에 대한 사람들의 기대를 엿볼 수 있죠.

그 옆으로 아크로리버파크와 래미안퍼스티지, 그리고 반포자이가 있습니다. 원래 이쪽은 2009년에 입주한 래미안퍼스티지와 2008년에 입주한 반포자이가 맞수였습니다. 그러다가 2016년 입주를 시작한 이후 '아리팍'이라는 별명으로 불리는 아크로리버파크가 반포는 물론, 강남 부동산의 상징이 되었습니다. 평당 가격이 1억 원을 넘겼다는 사실부터 한강 조망권의 가치까지, 그야말로

아크로리버파크

강남 부동산의 바로미터라고 할 수 있습니다.

　이쯤에서 입이 벌어지는 세 단지의 가격이 궁금해집니다. 84m²
평균 가격으로 살펴보겠습니다. 2018년 여름에 아크로리버파크가

27억 원, 래미안퍼스티지가
22.5억 원, 반포자이가 22억
원이었습니다. 약 1년 6개월
이 지난 2020년 1월에는 각
각 31억 원, 29억 원, 그리고
26.5억 원이었고요. 주목도
와 매매 가격은 아크로리버
파크가 최고인데, 상승 폭은
래미안퍼스티지가 가장 큽
니다.

래미안퍼스티지

　래미안원베일리로 변신
하는 신반포3차경남도 빼놓
을 수 없습니다. 2023년 준공

반포자이

예정인데, 스카이브리지에 야외 수영장을 세운다고 하니 어떤 모습일지 벌써부터 궁금해집니다.

재건축 귀추가 주목되는 잠원동

잠원동에는 '한신'이라는 이름을 달고 있는 아파트가 무척 많습니다. 또 잠원동인데도 이름에 '반포'를 붙인 아파트도 많고요.

잠원동에서는 2개 단지를 살펴보겠습니다. 2018년 여름에 입주한 신반포자이와 아크로리버뷰신반포입니다. 607세대가 거주하는 신반포자이는 강남뉴코아아울렛 바로 건너편에 있습니다. 595세대인 아크로리버뷰신반포는 한강 바로 앞에 있죠. 84m² 가격 변화를 살펴보면, 2019년 10월 각각 평균 23.5억 원과 25억 원이었

신반포자이

아크로리버뷰신반포

습니다. 2020년 1월에는 둘 다 평균 27억 원이 되었습니다.

잠원동 역시 지금보다는 향후 재건축을 통해 변신할 모습이 더 기대되는 곳입니다. 문제는 워낙 소규모 단지가 많이 모여 있어, 어떤 식으로 개별 혹은 통합 재건축을 하게 될지 약간의 우려가 있습니다. 단지 개별 재건축 추진은 어려운 만큼, 이해관계에 대한 합의를 통해 이를 어떻게 해결할지 말이죠. 이 문제만 해결된다면 신반포자이와 아크로리버뷰신반포, 래미안신반포팰리스, 래미안신반포리오센트를 비롯해 2020년 입주 예정인 신반포센트럴자이와 바로 옆의 반포우성까지, 잠원동에 대한 수요가 더욱 늘어나지 않을까 합니다.

강남구

인구	54.3만 명
아파트 물량	232개 단지 / 10만 1,469세대
평균 평당 가격	4,665만 원
지하철 노선	2·3·7·9호선, 분당선, 신분당선
주요 생활환경	대치동 학원가와 명문 학군, 한강공원과 양재천, 삼성서울병원 등
특징	없는 것이 없는 대한민국 1등 입지

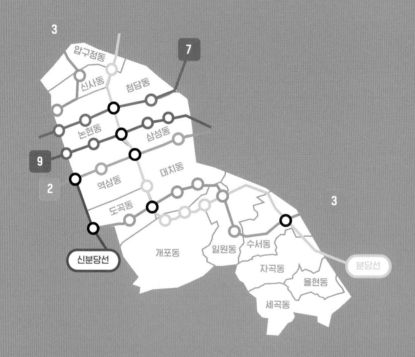

대한민국 부동산의 바로미터 강남구

이제는 '서울'이라고 하면 저절로 연상되는 곳이 강남구입니다. 강남 개발은 1970년대에 본격적으로 시작되었습니다. 국가적 차원에서 서울의 인구를 강남으로 분산하려 했던 거죠.

그런데 처음에는 어느 누구도 강남으로 이전하지 않았습니다. 지금 모습을 생각하면 말도 안 되는 일이지만, 당시에는 아무것도 없던 시골이었으니 그럴 만합니다. 당시만 해도 기존 도시 이외의 지역에 산다는 것이 낯설기도 했고, 완성된 도시의 그림이 그려지지도 않았던 것이겠죠.

사람들이 여전히 강남에 관심을 갖지 않으니, 정부에서는 명문 학교와 기업, 관공서를 강남 일대로 옮겨 시민들의 이전을 유도했습니다. 그러다 보니 뜻하지 않게 강남에 모든 것이 밀집되는 결과를 낳았죠. 현재는 '강남 3구'라 불리지만 서초구, 송파구는 원래 모두 강남구에 속했습니다. 그만큼 강남구는 진정한 강남의 원조이자 터줏대감이라고 할 수 있습니다.

서울 곳곳은 대부분 오랜 옛날부터 사람들이 거주하던 곳으로 경사가 꽤 심한 편입니다. 하지만 강남구는 대부분의 면적이 평지입니다. 강남구가 다른 지역에 비해 더 빨리 발전하고 여러 기반 시설과 아파트 단지가 많은 이유 중 하나죠.

서울과 수도권 어느 지역이든 부동산 가격을 언급할 때면 항상 강남 접근성을 강조합니다. 강남에서 얼마나 가까운가에 따라 가격이 달라진다고 말이죠. 실제로 강남으로 30분 내에 도착하느냐, 갈아타지 않고 한 번에 갈 수 있느냐, 지하철 혹은 광역버스로 가느냐 등에 따라 가격 차이가 납니다.

이 말에서 알 수 있듯 강남에는 서울과 수도권 곳곳으로 가는 대중교통이 전부 집결되어 있습니다. 너무 과도한 것이 아닌가 할 정도로 말이죠. 우선 지하철은 2·3·7·9호선은 물론이고 분당선과 신분당선이 있습니다. 게다가 수서역에는 SRT까지 있는데, 향후 삼성역으로 들어오는 GTX까지 예정되어 있으니 강남을 따라올 적수가 없습니다.

강남구에는 동네를 가릴 것 없이 대부분의 생활 기반 시설이 들어서 있지만, 전역이 다 유명하다고 언급도 하지 않고 넘어가면 아쉽겠죠. 우선 강남역이 있습니다. 강남역은 국내 최대 상권 중 하나로 꼽히는 곳이며, 유동 인구 또한 매우 많습니다.

압구정 로데오거리도 빼놓을 수 없습니다. 지금은 상권이 다소 죽었지만 실질적으로 전국 여러 로데오거리의 원조죠. 몇 년 전부터는 신사동 가로수길이 뜨기도 했고요. 삼성동에 있는 코엑스는 대한민국에서 처음으로 지하 도시급 복합 쇼핑몰이 생긴 곳입니다.

한편 전국적인 유명세를 자랑하는 대치동 학원가는 방학이면 강남은 물론, 전국에서 공부하러 오는 학생들로 근방이 미어터질 정도입니다.

강남구 인구는 54.3만 명으로 서울에서도 인구가 많은 축에 속합니다. 2018년 기준으로 아파트 232개 단지에 10만 1,469세대가 거주하고 있습니다. 이 중 500세대 이상 단지는 총 79개입니다. 압구정동이 18개 단지로 제일 많습니다. 대치동 12개, 개포동 10개, 일원동 8개, 수서동 7개, 도곡동 5개, 삼성동과 역삼동 각 4개입니다. 이어서 논현동과 자곡동, 청담동이 각 3개, 세곡동 2개입니다.

강남구 아파트의 평균 평당 가격은 4,665만 원입니다. 명실상부한 서울 1위죠. 뜻밖에 신축이 많이 생긴 개포동이 6,184만 원으로 가장 비싸고, 전통적인 부촌인 압구정동이 5,785만 원으로 추격 중입니다. 다음으로 일원동 5,347만 원, 삼성동 5,189만 원, 청담동 5,078만 원, 대치동 4,821만 원, 수서동 4,731만 원, 역삼동 4,629만 원, 도곡동 4,214만 원, 신사동 4,060만 원으로 여기까지 평당 4,000만 원대입니다.

그 외 자곡동 3,616만 원, 세곡동 3,575만 원, 논현동 3,527만 원, 율현동 3,345만 원으로, 가장 저렴한 동도 평당 3,000만 원이 훌쩍 넘습니다. 2020년 3월 현재 강남구에서 제일 비싼 아파트는 대치동에 있는 래미안대치팰리스1단지로, 평당 가격은 최고 8,750만 원입니다.

강남구의 대장으로 떠오르는 개포동

개포동은 원래 조용하고 근처에 8학군을 대표하는 명문 학교가 많아 자녀를 키우기 좋은 곳이었습니다. 재건축을 했거나 하고 있는 아파트, 혹은 하려고 준비 중인 아파트가 많습니다.

개포주공2단지를 재건축한 래미안블레스티지와 개포주공3단지를 재건축한 디에이치아너힐즈는 2019년에 6개월 차이로 입주한 신축 단지들이죠. 세대수는 각각 1,957세대와 1,320세대입니다. 2020년 1월에 84m² 가격은 각각 평균 25.8억 원과 27.6억 원이었습니다.

개포래미안블레스티지   디에이치아너힐즈

개포시영을 재건축하는 개포래미안포레스트는 2020년 9월에, 개포주공4단지를 재건축하는 개포그랑자이는 2021년에 입주 예정입니다.

여기에 5,040세대로 강남에서 대표적인 재건축 예정지 개포주공1단지도 이주가 거의 끝난 상태입니다. 평당 분양가가 4,850만 원으로 책정되었죠. 이외에도 여러 아파트가 재건축을 추진 중이니 앞으로 학부모들의 선호도가 더욱 높아질 가능성이 큽니다.

조용히 바뀌고 있는 일원동

일원동에서는 분당선 대모산입구역과 3호선 대청역 사이에 신축 아파트가 들어서는 추세입니다. 대청역에서 한 블록 떨어진 중동중학교 옆에 있는 래미안개포루체하임은 2018년 11월 입주한 비교적 신축 단지입니다. 850세대가 거주하며 2020년 1월에 84m²가 24.5억 원을 기록했습니다.

개포주공8단지 자리에 들어서는 디에이치자이개포, 래미안개포루체하임 바로 옆 옛 일원대우 자리에 들어서는 디에이치포레센트도 현재 재건축 중이죠. 디에이치자이개포는 2021년 7월, 디에이치포레센트는 2021년 1월에 입주 예정입니다.

래미안개포루체하임

대한민국 최고의 교육 특구 대치동

대치동은 대한민국에서 학군으로 가장 유명한 곳이죠. 강남은 물론 서울을 넘어 전국적으로도 압도적인 위상과 영향력을 지녔습니다. 대치동에서는 먼저 '우선미'라는 이름으로 함께 불리는 개포우성1차, 선경1차, 한보미도맨션을 살펴보겠습니다.

건축된 지 35년이 넘은 이 세 단지는 재건축 호재도 주목할 만하지만 실거주 환경도 뛰어납니다. 특히 바로 뒤편에 있는 양재천의 아름다운 조경과 산책길 등이 좋아 이사를 못 간다는 이야기를 할 정도죠.

개포우성1차

2020년 1월 84m² 평균 매매 가격을 살펴보면 개포우성이 26.5억 원, 선경1차가 26.5억 원, 한보미도맨션이 23.5억 원입니다.

여기에 재건축의 대명사가 되어버린 은마도 있습니다. 재미삼아 '전 국민이 다 아는 아파트'라고 하죠. 한보은마라는 명칭으로 1979년 건축되었는데 무려 4,424세대나 됩니다. 재건축 이야기가 나온 지 20년이 넘었지만, 향후 10년 내에는 정말 재건축이 되지 않을까 예상합니다. 실제로도 주거 여건상 재건축을 해야 할 만

선경1차

대치동부센트레빌

래미안대치팰리스1단지

큼 노후되기도 했고요.

은마의 84m² 가격은 2020년 1월 기준 20억 원입니다. 참고로 은마에서 큰길 건너편에 있는 대치쌍용도 현재 재건축이 진행 중입니다.

대치동에서 가장 비싼 아파트는 청실에서 변신한 신축 래미안대치팰리스1단지입니다. 2015년에 입주해 1,278세대가 살고 있습니다. 향후 대치동에 또 다른 신축이 생기기 전까지는 대장 아파트로서의 지위를 잃지 않을 듯합니다. 래미안대치팰리스1단지는 59m²가 2020년 1월 평균 22억 원, 84m²가 평균 30.5억 원이었습니다.

3호선과 분당선이 지나가는 도곡역 바로 옆에는 대치동부센트레빌이 있습니다. 제일 작은 면적이 전용 121m²입니다. 강남에서 대형 면적을 찾는 분들이 선호하는 곳이죠. 의외로 강남에 중형 면적은 많아도 대형 면적이 많지 않거든요. 2018년 여름에 평균 25.5억 원이었고, 2020년 1월에는 35억 원이 되었습니다. 1년 6개월 남짓한 기간에 가격 상승 폭이 대단합니다.

타워팰리스로 유명한 도곡동

도곡동에는 한때 부의 상징이자 대명사로 불리던 타워팰리스1~3차가 있습니다. 처음 분양 당시에는 미분양되어 해당 회사 임직원이 어쩔 수 없이 매수했는데, 뜻하

타워팰리스

지 않게 상승하며 이후 큰 시세 차익을 얻었다고 하죠. 주상 복합의 인기가 다소 시들하면서 최고 자리에서 내려온 뒤 가격 상승도 지지부진했는데, 최근에는 다시 가격이 상승했습니다.

사실 주상 복합은 아파트에 비해 전용면적이 작은 편입니다. 타워팰리스3차의 경우 전용 124m²가 2020년 1월 기준 평균 23억 원을 기록했습니다.

도곡렉슬

한편 지난 부동산 상승장인 2006년에 입주해 이 근방의 가격 상승을 주도한 도곡렉슬이 있습니다. 3,000세대가 조금 넘는 대단지죠. 상승기에서 하락기로 이어지고, 또다시 현재의 상승기가 되는 동안 가격 변동을 보면 상당히 드라마틱합니다. 84m²가 2006년에 평균 21억 원이었는데, 2013년에는 평균 14억 원대까지 떨어졌거든요. 그러다가 2020년 1월에 다시 평균 23.7억 원 정도로 올라갔습니다.

지하철 역세권이 돋보이는 삼성동

삼성동은 원래 고급 주택이 많은 곳입니다. 아파트 중에서는 아이파크삼성이 유명합니다. 449세대가 거주하는 주상 복합으로

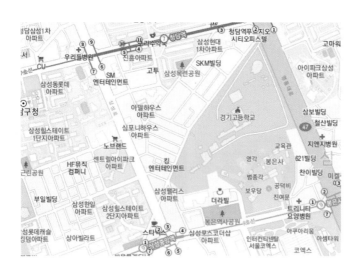

2004년에 입주했습니다. 한때는 타워팰리스를 뛰어넘기도 했는데, 대형 면적으로만 구성되어 있죠. 고층은 한강이 보이는 것은 물론이고, 전반적인 조망권이 아주 좋아 여전히 선호도가 무척 높습니다.

아이파크삼성

한편 7호선 청담역과 9호선 삼성중앙역 사이에는 삼성힐스테이트가 있습니다. 1단지와 2단지가 있는데 84m² 가격을 비교하면 2018년 여름에 각각 평균 18.5억 원과 19억 원

삼성힐스테이트

이었습니다. 2020년 1월에는 각각 평균 23.5억 원과 23억 원이 되었고요.

삼성동에서는 최근 래미안라클래시가 화제가 되었습니다. 삼성힐스테이트1단지 옆에 생기는 신축으로, 7호선 청담역 초역세권이니 입지가 정말 뛰어나죠. 바로 앞에는 SM엔터테인먼트 건물이 있습니다. 이런 이유로 래미안라클래시는 이 근방 대장 아파트의 위상을 이미 예약해둔 상태입니다.

대한민국 부촌의 상징 압구정동

마지막으로 이름만 들어도 저절로 강남이 떠오르는 동네 압구정동입니다. 이곳이야말로 부촌 중의 부촌이죠. 지도를 보시면 알겠지만 압구정동은 그야말로 아파트만 있는 동네입니다. 크게 미성, 현대, 한양으로 이루어져 있죠. 차를 타고 한남대교로 가거나 경부고속도로에 진입할 때 보이는 아파트가 바로 미성입니다. 1차와 2차로 구분되는데, 1차는 1982년 준공되었고 322세대가 살고 있습니다. 1987년에 준공된 2차는 911세대입니다.

2차는 중·대형이 함께 있다면 1차는 대형 면적만 있어 현재 추진하는 재건축에서 사업성이 높습니다. 1차만 재건축을 진행하자는 이야기도 나온다고 하지만, 두 단지가 함께 할 것으로 생각됩니다. 2020년 1월에 1차에서 제일 큰 면적인 전용 180m²가 평균 36.7억 원을 기록했습니다. 2차에서 제일 작은 면적인 전용 74m²의 경

라이프미성2차

신현대

우 평균 20.5억 원이었고요.

현대의 경우 압구정동에만 14차까지 있을 정도로 많습니다. 그중 9·11·12차를 묶어 신현대라고 부릅니다. 신현대는 슬세권, 즉 '슬리퍼 신고 백화점에 가는 권역'의 원조라 할 수 있는 곳입니다. 바로 앞에 있는 현대백화점을 마치 동네 마트 가듯 이용할 수 있거든요.

신현대는 전용 107m²가 제일 적은 면적입니다. 1970년대 후반 ~1980년 초반에 건축된 것을 생각하면, 처음부터 굉장한 부촌이었다는 사실을 알 수 있죠. 1970년대 건축된 아파트는 대부분 서민들에게 공급하는 작은 면적이었으니 말입니다.

신현대는 2020년 1월 기준 평균 27억 원이었는데, 전세 가격은 평균 6.5억 원 정도로 상대적으로 비싸진 않습니다. 저는 어떤 아파트를 사야 할지 물어보는 사람에게 농담 삼아 압구정동 현대를 구입하면 된다고 말합니다. 대한민국에서 이곳만큼 확실한 아파트가 없기 때문입니다.

한양

　현대8차 옆에 위치한 한양은 갤러리아백화점과 가깝습니다.
신현대처럼 이곳 역시 슬세권이죠. 분당선 압구정로데오역과도
가깝고요.

　게다가 한양은 상대적으로 다양한 면적을 갖춘 편입니다. 1차
부터 7차까지 있는데, 제일 작은 면적은 1차에 있으며 전용 49m²
입니다. 제일 큰 면적은 4차에 있으며 전용 208m²이니 차이가 상
당히 크죠.

　보통 압구정, 하면 현대가 하나의 상징처럼 떠오르지만 한양
도 결코 뒤떨어지지 않습니다. 2020년 1월에 1차 49m²가 평균 17.8
억 원, 4차 208m²가 평균 44억 원이었거든요. 그야말로 입이 벌어
지는 가격입니다.

압구정동에 있는 아파트들은 건축된 지 40년이 되다 보니 전부 재건축이 추진되고 있습니다. 아이러니하게도 정작 주민들의 적극성은 그다지 높지 않은 편이죠. 앞으로 압구정동 아파트들이 재건축되면, 압구정의 위상은 더욱 공고해질 것으로 보입니다.

서울 아파트는 앞으로 어떻게 될까

"지금 서울 아파트를 사도 될까요?"

많은 분들이 이렇게 묻습니다. 이 질문을 서울 아파트 가격이 급등한 최근에 많이 들었을 것이라 생각하시겠지만, 그렇지 않습니다. 벌써 10년째 들어온 질문입니다.

재미있는 사실은 질문 내용은 똑같은데 상황에 따라 뉘앙스가 살짝 달라진다는 점입니다. 2010년대 초반 이 질문에는 "과연 상승할까요?"라는 의미가 내포되어 있었습니다. 2010년대 후반에는 "혹시 제가 끝물에 사는 건 아닐까요?"라는 염려가 담겨 있었고요.

한마디로 서울 아파트는 가격이 오르면 오르는 대로, 떨어지면 떨어지는 대로 언제나 사람들의 관심 혹은 걱정 대상이라는 뜻이겠죠. 지난 10년을 놓고 본다면 서울 아파트는 언제든 매수하는 것이 옳았습니다. 과거에 "주택은 이제 소유하는 것이 아니라 거주하는 것이다"라는 말이 있었습니다. 이런 표현은 지난 20년 동안 거의 10년 단위로 반복되어 회자되었죠. 그 첫 번째는 1990년대 말 외환위기 직후였습니다. 두 번째는 2008년 글로벌 금융위기 이후였고요. 둘 다 아파트 가격이 하락하면서 주택 매수에 대한 심리가 꽁꽁 얼어붙었죠.

지나고 보면 그때가 최적의 매수 타이밍이었습니다. 누구도 아파트를 사려고 하지 않았을 때가 말이죠. 인간은 추세가 형성되면 상상력을 발휘합니다. 하락이 1~2년 반복되면 앞으로도 계속 하락할 것이라 판단합니다. 상승이 1~2년 동안 지속된다면 내년에도 가격이 오를 것이라 믿습니다. 이런 추세를 확신할 때 아파트를 매수합니다. 보다 정확하게는 내년에 아파트 가격이 오를 것이라는 나름대로 자신만의 확신이 있으면 매수하는 것이 맞습니다.

미래를 예측하는 것은 선무당 사람 잡기가 되거나 인디언 기우제가 됩니다. 상승을 예측했는데 하락하거나, 하락을 예측했는데 상승하면 억울할 겁니다. 그렇기에 저는 '예측하지 말고 대응하라'고 표현합니다. 미래를 보기 위해서는 그에 앞서 과거를 돌아보는 것이 좋습니다. 서울 아파트 가격이 과거에 어떤 식으로 변화했는지 말이죠.

이는 KB은행 부동산 지수로 살펴볼 수 있습니다. 전년 말 대비 서울 아파트는 1990년에 무려 37.62% 상승한 것을 비롯해 2002년에는 30.79%, 그리고 2006년에는 24.11% 상승했습니다. 이 정도면 엄청나게 상승한 거죠. 2010년대 들어서는 2018년에 13.56%로 가장 많이 상승했습니다.

1990년대에는 하락은 네 번, 상승은 여섯 번했습니다. 2000년대는 하락한 것이 한 번이었고 상승한 것이 아홉 번이었고요. 2010년대는 하락이 네 번, 상승이 여섯 번이었습니다. 생각보다 상승한 해가 훨씬 더 많다는 것을 알 수 있습니다.

1990년대는 아파트 가격의 등락률이 상당히 크게 움직였습니다. 2000년대는 오른 시기가 워낙 오래되어 2~3%의 상승은 그다지 오른 느낌이 없을 정도였고요. 2010년대 들어 전반기는 연속으로 4년 동안 하락했고, 하반기에는 6년 동안 상승을 이어가고 있습니다. 2010년대의 특징은, 한번 추세가 형성되면 사람들은 그것이 지속적으로 이어지리라는 믿음을 갖게 되었다는 것입니다. 상승이 몇 년 동안 계속되면서 내년에도 오를 것이라는 판단을 자연스럽게 하도록 만들었죠.

2010년대 상승장의 특징은 그 이전에는 상승과 하락 비율이 큰 것에 비해 다소 완만하다는 것입니다. 연속적으로 상승한 것은 맞습니다. 다만 예전에는 1년에 20~30%가 상승할 때가 있었는데, 이번에는 2018년을 제외하고는 높아야 5%대로 상승해 사람들의 생각보다는 가격 상승이 크지 않았습니다. 그런 이유로 쉼 없이 상승만 한 것이 아닌가 합니다. 상승하면 보합하는 시기도 있기 마련인데 말이죠. 2019년 전반기에는 소폭이나마 하락했는데, 여름을 기점으로 다시 올라가면서 2019년 서울 아파트 시장은 상승으로 마감했습니다.

하늘 아래 새로운 것은 없습니다. 역사는 항상 반복된다고 합니다. 가격 상승이 우리에게 찾아올 때마다 다른 모습을 하니, 이번은 다르다고 외치게 됩니다. 그런 면에서 저는 서울 아파트가 2014년부터 6년 동안 상승했기에 하락할 때도 왔다고 봅니다. 다만 하락이라고 했을 뿐, 폭락이라고 말하지 않았습니다. 하락과 폭락은 달라도 너무 다르죠. 외환위기라는 특수 상황이었던 1998년 14.6% 하락한 것을 제외하면 2012년 4.48%가 가장 큰 수치입니다. 대체로 2% 내외 정도의 하락이 평균이었습니다.

이는 2010년대 상반기에 몇 년 동안 하락이 지속되었지만, 2000년대에 워낙 상승했기 때문에 나타난 효과로 볼 수 있습니다. 2010년대 하반기의 연속적인 상승은 과거에 비하면 폭이 작습니다. 따라서 하락 폭도 작을 수 있죠. 대신 지속적으로 상승했다는 점을 볼 때 하락 시기가 다소 길어질 수는 있습니다. 큰 폭의 하락은 아니지만, 하락 추세가 이어지면 또다시 사람들은 지금과 다른 온도를 체감하리라 생각됩니다. 하락 폭이 크지 않더라도 말이죠. '하우스푸어'라는 단어가 생겼던 것처럼 상대적으로 적은 하락임에도 심리적으로는 꽁꽁 얼 수도 있습니다.

그 누구도 아파트 가격이 1년 후에 상승할지 하락할지 맞힐 수 없습니다. 이를 맞힐 수 있다고 하는 사람은 사기꾼이거나 거짓말쟁이입니다. 어쩌다 한번은 예측할 수 있겠지만 지속적으로 맞힌 사람은 지금까지 단 한 명도 없었습니다. 가장 크게 후회하는 경우는 살까 말까 고민하다가 끝내 사지 않았는데 아파트 가격이 상승하는 추세를 지켜보는 겁니다. 1년 후에 가격이 크게 상승한 것을 보면, 또다시 작년 가격이 기준이 되어 매수할 엄두를 내지 못하게 됩니다.

서울 아파트 가격이 1년 후 상승할지 혹은 하락할지 묻는다면, 제 답은 '모르겠다'입니다. 대신 10년 후에 서울 아파트 가격이 상승할 것이냐고 묻는다면 제 답은 '그렇다' 입니다. 단기는 몰라도 장기적으로는 오르게 되어 있습니다. 우리나라가 망하지 않는 한 불변의 진실입니다. 누구 말처럼 인구가 줄어든다고 해도 아파트 가격이 쉽게 하락하지 않습니다. 이는 대한민국을 비롯해 전 세계 어느 국가를 보더라도 동일합니다. 그토록 부동산 가격이 폭락했던 일본마저 2010년대 들어서는 상승했으니 말이죠.

당장 내일 무슨 일이 일어날지 우리는 모릅니다. 그렇지만 10년 후 나이를 먹는다는 것은 100% 확실합니다. 피하려야 피할 수 없죠. 부동산 시장도 마찬가지입니다. 단기 추세는 맞히기 힘들어도 장기 추세는 맞히기 쉽습니다. 10년 후 서울 아파트 가격이 지금보다 상승할 것이라는 사실은 확실합니다. 다만 10년 후에 그렇다는 것이지, 5년 후에는 지금보다 하락할 가능성도 많습니다.

세상 이치를 볼 때 무한정 상승하거나 무한정 하락하는 일은 더더욱 없습니다. 자산의 속성상 상승할 때는 미친 듯 에너지를 분출하고, 하락할 때는 무섭다는 느낌이 들 정도로 거래가 없습니다. 상승과 하락을 반복하며 10년 정도의 기간을 놓고 볼 때 상승한다고 보면 틀림없습니다. 한마디로 10년 후에는 인플레이션만큼 상승할 겁니다.

그러니 더 이상 미래에 서울 아파트 가격이 하락할지 상승할지 고민하며 망설이지 마세요. 사도 후회하고 안 사도 후회한다면, 사고 나서 후회하는 것이 낫습니다. 그리고 당장은 몰라도 10년 후를 돌아본다면 그 선택에 후회하는 일은 없을 겁니다.

2011

[1·13] 전·월세 시장 안정 방안

- 공공임대 분양 집중 초기화
- 판교 순환용 주택 일부 및 다가구 매입 전세 임대주택 초기 입주
- 공공 부문 준공 후 미분양 전·월세로 공급
- 도시 내 소규모 주택 건설 촉진
- 주택기금 전세 자금 지원 확대
- 전·월세 실거래 정보 공개
- 민간 건설 규제 대폭 완화

[2·11] 전·월세 시장 안정 보완 대책

- 서민 근로자 전세 자금 한도 6,000만 원 → 8,000만 원, 금리 4.5% → 4%
- 매입 임대 사업자 세제 지원, 요건 대폭 강화
- 준공 후 미분양 주택 전·월세 활용 시 세제 감면 혜택

- 민간 5년 임대주택 지원 한도 늘리고 금리 인하

　　☞ 2010년 KB부동산 시세 기준으로 서울 아파트 매매 가격은 -2.19% 하락했습니다. 반면 전세 가격은 무려 7.38% 상승했죠. 이전까지 상승했던 매매 가격이 하락하며 가격이 안정되었다고 생각할 수 있지만, 전세 가격의 급격한 상승은 서민 주거를 위협하는 요소입니다.

　　그 때문에 정부가 전·월세 시장을 안정화하기 위해 꺼내 든 카드가 바로 1·13 전·월세 시장 안정 방안입니다. 이를 위해 단기간 입주 가능한 소형 임대주택 활성화에 집중하고자 했습니다. 이때부터 본격적으로 소형 원룸이 다수 생겨났는데, 2%의 낮은 금리로 도시형 생활주택을 건축할 수 있었죠. 여기에 세대수 제한을 완화하고 세제 지원 혜택까지 제공했습니다. 중소형 주택은 전·월세 임차인이 주로 거주한다는 점에서 보면, 정부에서 내놓을 수 있는 최선의 정책이었던 셈이죠. 당시 도시형 생활주택이 우후죽순으로 건축되면서 나중에 부작용도 나타났지만, 그것까지 고려하기는 힘든 상황이기도 했습니다.

　　정부는 한번 부동산 정책을 발표하면 관련 내용을 연속적으로 발표하면서 기조를 유지합니다. 부동산 시장은 정부의 정책과 상관없이 한동안 특정 방향으로 에너지를 갖고 움직이기 때문입니다.

[5·1] 건설 경기 연착륙 및 주택 공급 활성화 방안 발표

- 건설사 PF에 대한 구조 조정과 유동성 지원
- 미분양 주택 해소 및 주택 거래 활성화
- 서울·과천 및 5대 신도시 양도세 비과세 요건 완화(거주 요건 폐지)
- 토지 이용 규제 완화를 통한 주택 공급 확대
- 대형 평형을 중소형으로 변경 시 세대수 증가 허용
- 신규 택지 85㎡ 비율 상향 조정(60% → 70%)
- 주택건설사업계획 승인 대상 완화(20세대 → 30세대)

　　☞ 이 시기 전·월세 시장에 비해 매매 시장은 상황이 좋지 않았습니다. 2008년에 발생한 글로벌 금융위기에서 점차 벗어나고 있던 다른 경제 분야와 달리, 건설 경기는 나빴거든요. 국가 SOC는 줄어들었고, 건설 수주는 물론 주택 인허가도 급감할 정도였으니 말이죠. 여기에 주택 거래량도 줄어들면서 청약 대기자가 늘어났습니다. 자연스럽게 건설회사의 부도와 워크아웃이 줄을 이었습니다. 이 때문에 정부는 건설회사와 주택 경기를 살려야 했습니다. 그 일환으로 지방

뿐 아니라 서울과 수도권까지 리츠, 펀드, 신탁회사가 미분양 아파트에 투자하면 종부세 비과세와 법인세 추가 과세 배제 등의 세제 지원 혜택을 주었습니다. 3년 보유 및 2년 거주라는 거주 요건도 폐지했고요.

여기에 재정비 사업을 추진하기 어려운 곳은 주민 의견을 수렴해서 해제하고, 다가구 등 개별적 재건축도 허용하기로 했습니다. 건설 경기와 주택 시장이 침체되는 것을 막기 위해 정부가 다양한 당근을 허락한 셈입니다.

[8·18] 전·월세 주택 공급 확대

- 전세 수요 집중 완화 및 분산
- 임차인 주거비 부담 완화
- 전·월세 실거래 데이터베이스 확충 및 공개 확대

[9·7] 임대주택 활성화를 위한 세제 지원 확대

- 주택 수 요건 변경(수도권 3호, 지방 1호 이상 → 전국 1호 이상)
- 임대주택 외 자가 주택(3년 보유 및 2년 거주) 1채 보유 시 양도세 비과세, 종부세 1세대 1주택 특례 적용
- 다주택자 장기보유특별공제 허용
- 전·월세 소득공제 적용 대상 확대

[12·7] 주택 시장 정상화 및 서민 주거 안정 지원 방안

- 시장 과열 시 도입된 과도한 규제 완화(분양가 상한제 폐지 등)
- 실수요 주택 구입 지원 확대, 금리 추가 인하 지원 대상 확대
- 도시형 생활주택·5년 임대주택 건설 등 저금리 지원 연장
- 후분양 조건으로 공급받은 토지 선분양 허용(경기 상황 감안)
- 소형 주택(85㎡ 이하/3억 이하) 전세보증금에 대한 소득세를 과세 대상에서 3년간 제외

  ☞ 2011년에 아파트 거래 가격은 -0.44%로 2010년에 이어 연속으로 하락했고, 전세 가격은 13.42%나 상승했습니다. 정부 입장에서는 거래는 활성화하고, 전·월세 가격은 안정화해야 할 당위성이 커졌습니다. 2011년 상반기에 이미 전·월세 대책을 발표했지만, 전·월세 가격은 여전히 무섭게 상승하고 있었으

니까요. 따라서 봄 이사철이 오기 전에 다시 한번 안정화 대책을 발표해야 했습니다.

이에 정부는 주거용 오피스텔도 임대주택으로 등록하면 세제 혜택을 주고 건설 자금도 지원하기로 합니다. 여기에 소득세에서 전세 보증금을 한시적으로 배제하기도 하고요. 전·월세 소득공제 대상도 연소득 3,000만 원 이하에서 5,000만 원 이하로 확대합니다.

또 투기과열지구를 해제했습니다. 투기지역 1세대 3주택에 대한 주택 담보 대출과 양도세는 변경하지 않았지만, 그 외 주택은 2012년 말까지 한시적으로 3주택자 이상의 60%와 2주택자의 50% 양도세율을 정상 세율의 6~35%로 완화했습니다. 주택 구입 자금 금리를 내리고 지원 대상을 확대했죠. 여기에 분양가 상한제를 폐지하고 재건축 초과이익 부담금 부과를 2년간 중지하기로 했습니다.

2012

[5·10] 주택 거래 정상화 및 서민 중산층 주거 안정 지원 방안

- 투기지역 주택거래신고지역 해제, 분양권 전매 기간 완화 등
- 양도세 비과세 보유 요건을 3년에서 2년으로 완화
- 일시적 2주택자 처분 기한을 2년에서 3년으로 연장
- 세대 구분형 아파트 85㎡ 이하에도 적용할 수 있도록 최소 구획 면적 14㎡ 이상으로 지정
- 1:1 재건축 주택 규모 제한 개선
- 재건축 용적률 인센티브

☞ 2011년에 시행한 전·월세 대책이 어느 정도 효과가 있었는지 12월부터 서울 아파트 전세 시장이 안정화되었습니다. 문제는 매매 가격은 여전히 매월 마이너스를 기록했다는 것이었죠. 심지어 갈수록 하락 폭이 커졌습니다.

이런 상황을 지켜보던 정부는 드디어 5월에 대책을 발표합니다. 2000년대 주택 가격이 상승할 때 도입한 규제를 시장 상황을 봐가며 조금씩 완화하던 중, 보다 과감한 조치를 취했습니다. 2011년 말 투기과열지구에 이어 투기지역까지 해제한 것입니다. 이와 관련해 자연스럽게 각종 세제 혜택도 받을 수 있게

되었습니다.

도시형 생활주택의 주택기금 지원도 80㎡에서 100㎡로 기준이 완화되었습니다. 앞서 언급한 것처럼 이명박 정부 당시 도시형 생활주택이 폭발적으로 공급되었고, 이로 인해 주차 문제가 생겼습니다. 그 때문에 재건축의 핵심이라 할 수 있는 용적률 인센티브까지 혜택을 주었죠. 지난 부동산 상승기에 적용한 규제를 대부분 풀었다고 할 수 있습니다.

[8·17] 제3차 경제활력대책회의 DTI 규제 보완 방안

- 소득 인정 기준 보완
- 6억 이상 주택 구입용 대출에 대한 가산 항목 적용
- 역모기지 대출 DTI 규제 적용 면제
- 원금균등분활상환 대출의 DTI 비율 산출 방식 변경

[9·10] 제5차 경제활력대책회의 경제 활력 재고를 위한 2차 재정 지원 강화 대책

- 미분양 주택 취득 후 5년간 발생한 양도소득 금액 100% 감면
- 취득세율 인하(9억 이하 1%, 9억 초과 또는 다주택자 2%, 2012년 말까지 적용)

[10·26] 제7차 경제활력대책회의 거래 활성화 대책 이후 주택 시장 동향 및 향후 계획

- 민영주택 청약가점제 무주택 인정 기준 완화(소형, 저가)
- 지역주택 조합원 거주 요건 완화(시·군 → 도)
- 2013년 주택 구입 전세 자금 지원 확대
- 도시형 생활주택 중 초소형 위주 과잉 공급 우려(저금리 지원 종료)
- 민간 임대주택 5년 이상 저금리 2013년 말까지 연장

> ☞ 2012년은 이명박 정부의 마지막 집권기였습니다. 추가 대책을 발표하기는 다소 힘든 실정이었죠. 다음에 어떤 정부가 들어설지 모르니 사전에 규제를 다 풀어주었고, 보완 정도의 대책만 발표했다고 보면 됩니다.
> 그중 미분양 주택 취득 후 5년간 발생한 양도소득 금액 100% 감면은 꽤 매력적이었습니다. 당시 8월 입주한 성동구의 서울숲푸르지오2차가 미분양이었는데, 취득세율 인하까지 생각한다면 투자자 입장에서는 입맛을 다실 만했습

니다. 85㎡ 기준으로 5년 동안 2억 원 정도 상승했는데, 이에 대한 양도세를 감면해주었으니 말이죠. 아울러 도시형 생활주택 공급 과열과 관련된 문제가 드러나며 저금리 지원을 종료한 것도 눈에 들어옵니다.

2013 ————————————————————————

[3·22] 국회 본회의 취득세 관련 통과

- 취득세 감면 6개월 연장(1월 1일 소급 적용)

[4·1] 서민 주거 안정을 위한 주택 시장 정상화 종합 대책

- 수도권 그린벨트 내 신규보금자리지구 지정 중단, 물량 조절
- 민간 부문 공급 탄력 조정, 의무 착공 기간 단축(2 → 3년)
- 생애최초 주택으로 6억 원 이하이면서 85㎡ 이하이고 합산 소득 6,000만 원 이하인 경우 취득세 전액 면제
- 9억 원 이하 신규 미분양 주택 구입 혹은 1세대 1주택자 9억 원 이하(85㎡ 이하) 주택 구입 시 5년간 양도소득세 전액 면제
- 민영주택 청약가점제 기준 완화
- 토지거래허가구역 해제, 개발 부담금 한시 감면 등
- 정비 사업 시 기존 주택 전용면적 내에서 2주택 공급 가능
- 15년 이상 아파트 수직 증축 리모델링 허용 방안 강구
- 하우스푸어·렌트푸어 지원 대책
- 행복주택 철도 부지 등 활용 업무 상업 시설 포함 복합 개발

　　☞ 박근혜 정부가 들어선 이후 처음 발표한 부동산 대책입니다. KB부동산 가격 동향에 의하면 2012년 서울 아파트 매매 가격은 4.48% 하락했습니다. 10년 이라는 기간을 놓고 보더라도 하락 폭이 가장 컸습니다. 이로 인해 새로운 정부가 계속되는 가격 하락을 막아야 한다는 절박함이 있었을 것이라 봅니다. 전세는 그나마 2.21% 상승해 '미친 전세'라는 표현이 사라진 상태라, 무엇보다 주택 매매 거래를 회복시키는 것이 관건이었습니다.

　　어떻게 보면 박근혜 정부의 정책 방향성을 결정한 발표였습니다. 특별한 변화

가 생기지 않는 한, 새로운 정부의 첫 번째 부동산 대책은 주택 시장의 향방을 가늠하는 중요한 자료라 할 수 있습니다. 부동산 규제 완화는 이명박 정부 때부터 시작되었죠. 부동산 가격이 폭등하는 것도 문제지만, 폭락하는 것도 좋아할 일이 아닙니다. 폭락까지는 아니더라도 부동산 가격이 해마다 지속적으로 하락하면, 매수 심리를 얼어붙게 만들면서 거래가 끊깁니다. 이런 점에서 정부는 규제 완화를 넘어 활성화 대책을 시장에 제시해야 했습니다. 긍정적인 면에서 보면, 시장에 당근을 주면서 거래가 활발하게 이루어지도록 해야 한다는 인식으로 만든 대책이라 할 수 있습니다.

워낙 방대한 내용이라 설명하자면 끝이 없으니, 이미 익히 알려진 내용은 제외하고 렌트푸어 지원 방안만 설명하겠습니다. 전세 자금 대출은 이전까지 신용 대출 개념이었습니다. 그러나 4·1 대책에서 전세 자금 대출을 담보 대출로 만들어 이때부터는 주택 가격을 근거로 대출받을 수 있게 되었습니다. 덕분에 전세 가격이 폭등할 때마다 돈이 없어 쩔쩔매던 임차인이 상승한 주택 가격 금액만큼 대출받아 전세금을 해결할 수 있었습니다.

이를 통해 전세 가격이 매매 가격에 근접할 정도로 두 가격의 차이가 줄어들었습니다. 적은 돈으로 아파트를 매수할 기회가 열린 거죠. 지금 돌아보면 본격적인 갭 투자의 서막을 알린 원년이라 할 수 있습니다.

[7·24] 4·1 대책 점검 및 후속 조치

- 민간 분양 물량 후분양 및 임대주택 전환 유두
- 매입 임대사업자 지원 확대
- 생애최초 주택 구입 자금 지원 확대 검토

[8·28] 전·월세 시장 안정을 위한 대응 방안

- 취득세 인하(6억 원 이하 1% 등)
- 장기주택모기지 공급 확대
- 생애최초 주택 구입 자금 지원 방식 다양화(수익공유형, 손익공유형 등)
- 전세 보증금 반환보증 및 모기지보증 도입으로 준공 후 미분양 물건 임대 활용 유도
- 월세 소득공제 확대, 주택 바우처 도입

  ☞ 2012년에 발표한 다양한 대책으로 전·월세 가격은 안정되었다고 생각했는데,

2013년 들어 또다시 시장이 들썩이기 시작했습니다. 전세 만기가 2년 만에 도래한다고 할 때, 임차인이 느끼는 가격 상승 폭은 엄청났습니다. 4·1 대책으로 그 씨앗이 잉태되었다고 볼 수 있는데, 이에 정부는 다시 전·월세 가격 안정을 위한 노력을 기울일 수밖에 없었습니다.

이를 위해 발표한 대책들은 임차인의 매매를 유도하는 것이었습니다. 취득세율도 낮추고 소득공제 대상도 기준시가 3억 원에서 4억 원으로 상향했습니다. 여기에 모기지보험 가입 시 LTV 대비 85%까지 대출이 가능해졌습니다. 또 LH가 보유한 준공 후 미분양 주택 2,000호를 임대주택으로 활용한다고 발표했죠. 임차보증금을 받지 못하는 상황에 대비해 공적보증 프로그램을 신설하기도 했습니다. 매매 가격이 하락해 주택 구입 능력이 있는 사람까지 전·월세로 거주하니 이에 대한 해결책을 제시했다고 할 수 있습니다.

[12·3] 4·1 대책 및 8·28 대책 후속 조치

- 정책 모기지 일원화, 공유형 모기지 본사업 1.5만 호 공급
- 목돈 안 드는 전세, 전세금반환보증 연계로 활성화
- 행복주택 활성화를 위한 개선 방안

2014

[2·26] 서민 중산층 주거 안정을 위한 주택 임대차 시장 선진화 방안

- 공공임대리츠를 통한 10년 공공임대주택 건설 추진
- 행복주택 공급 활성화
- 기업형 임대사업자 육성
- 임대사업자 세제 금융 지원 규제 완화
- 임대소득 과세 방식 정비(연간 2,000만 원 이하 소득세 분리과세)
- 주택기금·금융공사 모기지 통합 상품 디딤돌 대출 출시
- 월세 소득공제 → 세액공제로 전환
- 전·월세 거래 정보, 임대주택 정보 시스템 구축

☞ 2012년에 이어 2013년에도 서울 아파트 매매 가격은 전년 대비 1.84% 하락했습니다. 반면 전세 가격은 8.97%나 상승했습니다. 전세 가격 상승은 실질적

으로 서민들의 주거 안정을 저해하는 요인입니다. 이에 정부는 준공공임대주택을 구입하면 40~60㎡는 75%, 60~85㎡는 50%로 재산세를 감면해주기로 합니다. 여기에 주택을 구입한 후 3년간 준공공임대로 활용하면, 임대 기간 중 발생한 양도소득에 대한 세금을 면제해주기로 합니다. 매매 거래를 활성화하고 임대주택을 안정화하기 위한 노력이라 할 수 있죠.

또 공공임대리츠와 민간임대주택리츠를 활성화해 도심 내 임대주택을 공급하는 것과 행복주택 공급이 대책의 핵심이었으나, 시간이 지난 후 되돌아보면 정부 의지만큼 효과를 거두지는 못했습니다. 민간의 자발적인 참여가 부족한 도심 내 주택 공급은 이루어지지 못했다고 할 수 있습니다. 그만큼 도심에 새로운 부지를 확보해 임대주택을 건설하는 것이 얼마나 힘든지 확인해준 셈입니다.

[7·24] 새 경제 팀의 경제 정책 방향

- 지역별 금융업권별 규제 차등 완화(LTV 70%, DTI 60%)
- 청약통장을 주택청약종합저축으로 일원화

[9·1] 재건축 가능 연한 상한을 30년으로 설정

- 입주자 선정 절차 단순화(1·2순위를 1순위로 통합)
- 대규모 택지 공급 억제(LH 대규모 공공 택지 지정 중단)
- 착공 의무 기간을 3년에서 5년으로 연장(기존 사업 승인 물량도 적용)
- 임대 시장 민간 참여 활성화, 임대주택 개인 투자 유도

☞ 지자체별로 재건축 연한을 20~40년으로 정할 수 있게 했습니다. 이에 정부는 최대 40년으로 정해져 있는 재건축 연한을 30년으로 단축합니다. 이로 인해 서울 공동주택 중 24.8만 호가 새롭게 재건축 대상이 되었죠. 또 건축 연한과 상관없이 구조적 결함이 있는 경우, 구조 안전성만 평가해 최하위인 E등급 판정 시 재건축을 허용하기로 합니다.

여기에 과밀억제권역에서 국민주택 규모인 85㎡ 이하 주택 건설 비율이 세대수 기준 60% 이상 및 전체 연면적 대비 50% 이상이었는데, 여기서 연면적 기준을 폐지하기로 합니다. 서울 및 수도권에서 아파트를 건설할 때 유독 84㎡가 많은 이유가 바로 여기에 있습니다.

재개발은 추가로 임대주택 건설 비율을 5%p 완화하기까지 합니다. 가로주택 정비 사업의 경우 제2종 일반주거지역은 15층 이하 층수 제한을 완화해 사업

성을 높였습니다. 여기에 채광창과 인접 대지의 수평 거리 산출 시 채광창 등이 있는 벽면에서 직각 방향으로 인접 대지 경계선까지의 수평 거리를 2배 이하에서 4배 이하로 완화했습니다.

[10·30] 전세에서 월세로의 구조적 변화 감안

- 민간자본을 활용한 임대주택 공급 확대
- 준공공임대의 의무 기간을 10년에서 8년으로 단축
- 임대 종료 후 매입 확약

2015 ──────────────────────────────────

[1·13]

- 뉴 스테이(New Stay) 정책 도입, 규제 최소화, 기업형 임대 사업 육성
- 민간주택 임대 사업 육성에 관한 법률 제정

[4·6]

- 임차보증금 반환보증 지원 강화(전세보증보험)
- 서민주택 관련 대출금리 인하
- LH 임대주택 거주자 전·월세 전환율 인하

[5·7] 2015년 주택종합계획 발표

- 주거 지원 대상 가구 정책 목표 제시
- 주택 공급 계획 인허가에서 준공 물량으로 전환
- 주택 시장 정상화 및 서민·중산층 주거 안정 과제 지속 추진

  ☞ 2014년이 되자 서울 아파트 매매 가격은 드디어 미세하지만 상승으로 돌아섰습니다. 이런 기조는 4월까지 유지되었죠. 전세 가격도 상승세가 유지되었으나 상승 폭이 다소 줄었습니다.

  정부는 임대차 시장을 좀 더 안정화할 필요가 있었습니다. 이에 공공임대주택을 12만 호 공급하고, 20.5만 가구에 저리의 임차보증금과 구입 자금을 지원하며, 중위소득 43% 미만인 최대 97만 가구에 주거비를 지원하는 등 최대

126만 가구에 혜택을 제공할 계획을 세웁니다. 인허가는 취소 가능성이 있기에 공급 계획을 준공 물량으로 전환했고요.

한편 뉴 스테이는 박근혜 정부의 부동산 역점 사업 중 하나였습니다. 민간 기업이 보유한 토지에 주택을 건설해 임대할 수 있도록 하는 정책이었습니다. 실제로 현재 이를 통해 서울 시내 몇몇 지역에서 활발하게 임대 사업이 진행되고 있죠. 이런 식으로 일부 아파트에도 혜택을 주며 임대 공급 활성화를 유도할 계획이었습니다. 지금은 거의 폐기된 정책인데, 개인적으로는 안타깝게 생각합니다. 외국형 임대주택이라 할 수 있는데 말이죠.

[9·2]

- 주거 취약 계층 지원 강화
- 뉴 스테이 활성화
- 정비 사업 규제 합리화

[12·14] 여신(주택 담보 대출) 심사 선진화 가이드라인 시행(2016년 2·5월)

- 처음부터 나눠 갚을 수 있는 비거치식 분할 상환 취급
- 장기적으로 기타 부채의 원리금 상환액까지 고려한 DSR 적용

☞ 기존 주택 대출은 대부분 담보 가치를 중시했고, 대출받는 사람의 소득 여부는 중시하지 않았습니다. 또 만기 일시 상환으로 이자만 내다가 나중에 매도할 때 상환할 수 있는 대출이었죠. 정부는 이를 DSR로 변경하며 대출자의 소득까지 살피고 이자와 원금을 함께 상환하는 방식으로 변경하기로 했습니다. 정부 입장에서는 매매 가격이 의도된 대로 흘러가더라도 완만한 상승을 바랐기 때문입니다.

물론, 이런 정책은 박근혜 정부에서 갑자기 나온 것은 결코 아닙니다. 이미 이명박 정부 때부터 준비했던 부분입니다. 2008년 글로벌 금융위기를 겪으면서 금융이 부동산을 좌지우지하는 것을 선제적으로 규제할 필요가 있었거든요. 아마도 시기를 조절한 것이 아닐까 합니다.

[4·28] 맞춤형 주거 지원을 통한 주거비 경감 방안

- 행복주택·뉴 스테이 등 30만 호 공급
- 공공임대 유형 다양화, 주거 지원 기준 합리화

[6·27] 2016 하반기 경제 정책 방향

- 행복주택·뉴 스테이 등 임대주택 조기 확충
- 민간 자본을 활용한 SOC 투자 확대
- 분양보증 및 중도금 대출보증 제도 개선(건수·금액 제한)
- 실수요자 지원 확대(디딤돌 대출 규모 확대, 생애최초 주택 구입금리 인하)

[8·25] 가계 부채 관리 방안

- LH 택지 공급 조절, PF 대출보증과 심사 강화
- 미분양관리지역 확대, HUG보증 심사 강화
- 분할 상환, 고정금리 중심의 구조 개선 가속화
- 집단 대출 관리 강화, 중도금 1인당 보증 건수를 최대 2건 허용
- 전세 자금 대출 및 기타 대출 관리 강화

  ☞ 2014년부터 상승하기 시작한 서울 아파트 매매 가격은 2016년 상반기까지 매월 쉼 없이 상승했습니다. 2015년에는 전세 가격도 9.57%까지 상승했죠. 다행히 2016년 상반기부터 주택 시장은 안정되었습니다.

  그러나 서울과 달리 지방의 상황은 좋지 않았습니다. 여기에 신규 주택 시장으로 청약이 몰리면서 정부가 관리할 필요성이 대두되었죠. 공공 택지를 더 이상 늘리지 않는 방향으로 정책 기조를 유지했고, 갈수록 더 줄어들도록 했습니다. 또 청약과 관련된 다운계약서에 대한 단속을 시작으로 중도금 대출보증 요건을 강화합니다. 중도금보증을 100%에서 90%로 변경하고, 1인당 보증 건수를 4건에서 2건으로 줄였습니다. 정부 입장에서 과도한 쏠림 현상은 결코 좋아할 일이 아니기 때문입니다. 정책 기조가 서서히 규제로 바뀐다는 신호가 나온 첫 정책이라 할 수 있습니다.

[11·3] 실수요 중심의 시장 형성을 통한 주택 시장의 안정적 관리 방안

- 조정대상지역 전매 제한 기간, 1순위 제한, 재당첨 제한 중도금 대출보증 발급 요건 강화
- 실수요자에 대한 금융 지원 지속
- 정비 사업 투명성 강화 및 청약 시장 불법행위 근절

☞ 서울 전역, 경기도와 부산 일부, 세종까지 조정대상지역으로 묶고 전매 제한 기간을 소유권이전등기 시와 그 후 1년으로 강화했습니다. 재당첨 제한을 조정대상지역으로 확대하고, 1순위도 제한했습니다.

추가로 조정대상지역에서 아파트 거래 시 지불하는 계약금을 분양 가격의 5%에서 10%로 상향 조정했습니다. 분양 계약도 2017년 1월부터 실거래 신고제를 시행했고요. 다만 이 당시에는 투기과열지구까지 선정하지는 않았습니다. 정권 혼란기라 조심스러운 면도 있었겠죠.

정부가 구축에 대해서는 가격 상승을 다소 관망하는 입장이었지만, 신축에 대해서는 가격 왜곡 효과에 대응했다고 할 수 있습니다. 실수요자가 좋은 아파트를 청약받아 입주할 수 있는 환경을 마련한다는 의미겠죠.

[11·24] 8·25 가계 부책 관리 방안 후속 조치 및 보완 계획
- 집단 대출에 대한 여신 심사 가이드 및 맞춤형 여신 심사 가이드라인 도입
- DSR 연내 도입

2017

[4·9], [4·24] 문재인 대통령 후보 부동산 정책 발표
- 도시 재생 뉴딜 정책 50조 원 투입
- 서민 주거 안정 초점, 공적임대주택(신혼부부, 청년층, 저소득층 대상 공급)

[6·19] 조정대상지역 추가 지정(37곳 → 40곳)
- 서울 지역 전매 제한 기간 강화(소유권이전등기 시)
- 조정대상지역 LTV·DTI 각 10%씩 강화, 집단 대출 DTI 규제 신규 적용
- 서민 실수요자 보호
- 재건축 조합원 주택 공급 수 제한(원칙적으로 1주택만 허용)

- 투기과열지구 및 투기지역 지정
- 민간 택지 분양가 상한제 적용 요건 개선
- 재건축 초과이익 환수제(2018년 1월부터 예정대로 시행)
- 투기과열지구 내 재개발·재건축 조합원 권리 이전 제한
- 다주택자 양도세 강화 및 DTI·LTV 규제, 임대주택 등록 유도

> ☞ 문재인 정부가 들어선 후 내세운 본격적인 부동산 정책이자, 향후 부동산 시장
> 의 방향성을 제시하는 방안이었습니다. 주택 시장을 안정화하기 위한 꼼꼼한
> 정책이라는 평가를 받았습니다. 여러 부서가 합동으로 오랜 시간 동안 만든 정
> 책인데, '실수요 보호'와 '단기 투기 수요 억제'라는 문구가 들어가 있습니다.
> 가장 중점을 둔 것은 투기 수요 억제로 보입니다. 세율과 금융 규제 강화가 눈
> 에 들어오는데, 대부분 다주택자를 압박하기 위한 것이었습니다. 주택 수에 따
> 라 양도세를 더 많이 내게 하거나, 대출을 억제한 점 등을 보면 말이죠. 전국 부
> 동산 가격이 전부 상승한 것은 아니었기에 규제는 대부분 조정대상지역으로
> 한정되어 있었습니다.
>
> 8·2 대책은 기존에 없었던 정책을 새롭게 제시한 것은 아닙니다. 다만 부동산
> 가격이 상승했을 때 시행하는 모든 규제를, 순차적으로 적용하지 않고 집중적
> 으로 적용했다는 점이 다릅니다. 그 때문에 이 대책이 발표되자 시장이 처음
> 보인 반응은 패닉에 가까웠습니다. 반면 정부는 상당한 자신감을 보이며 투기
> 수요가 억제되고 주택 가격이 안정화될 것이라 봤죠. 하지만 가격이란 일단 한
> 번 상승하면, 주춤거릴지언정 탄력을 받아 당분간 그 에너지가 이어집니다. 더
> 구나 틈새를 찾는 사람들이 있게 마련이고요. 움츠렸던 시장은 규제의 틈새를
> 찾아 거래하는 사람들 때문에 또다시 상승했습니다.

[9·5] 8·2 대책 후속 조치

- 투기과열지구 추가 지정(성남 분당, 대구 수성)
- 민간 택지 분양가 상한제 적용 요건 개선

[9·20] 8·2 대책 후속 조치

- 청약 1순위 자격 강화(투기과열지구 청약조정대상지역)
- 가점제 적용 비율 확대(무주택 실수요자 우선 공급)

- 예비 입주자 가점제로 우선 선정
- 가점제 당첨자 재당첨 제한

[10·24] 가계 부채 종합 대책

- 취약차주 맞춤형 지원
- 신DTI·DSR 단계적 도입
- 제2금융·집단 대출·자영업자 집중 관리, 정책 모기지 개편
- 일자리, 자산 형성, 핵심 생계비 경감 등 가계소득 관리 및 상환 능력 재고

[11·24] 금융회사 여신 심사 선진화 방안

- 2018년 1월 개정 신DTI 감독 규정, 시행 세칙, 시행 소득 확인
- 서민, 실수요자 배려(신혼·청년층 1년 치 장래 예상 소득 증가 반영)
- DSR 은행권 2018년 1분기·2금융권 2018년 3분기 시범 운영
- 임대업 여신 심사 강화 RTI(임대업 이자 상환 비율)

☞ 8·2 대책은 아주 강력한 규제책이었지만, 투기과열지구를 추가하는 식으로 보완책을 계속 내놓았습니다. 덕분에 서울 아파트 가격은 일시적으로 안정화되는 듯했으나 10월부터 또다시 꿈틀댔습니다. 주택 담보 대출을 규제하기는 했어도, 사람들은 여전히 다양한 루트에서 자금을 조달해 거래가 이뤄졌죠.

이에 정부는 다시 규제할 필요가 있었습니다. 예전에는 대출 시 본인의 능력과 상관없이 담보 가치를 더 중요하게 여겼지만, 이제는 상환 능력을 따지는 쪽으로 방향성을 더욱 확대합니다. 소득에 따라 대출해주는 DSR을 2018년 은행권에서 제2금융권까지 적용했죠. 신DSR을 통해 대출 심사 및 실행을 더 깐깐하게 하겠다는 압박을 예고한 셈입니다. 투기 목적으로 주택을 구입하는 것을 막겠다는 의지이기도 하고요. 부동산 시장의 건전성을 높이는 시도라는 긍정적인 면도 있었습니다.

2018

[4·24]

- 서민, 실수요자 주거 안정을 위한 금융 지원 방안

[7·5]

- 행복한 결혼과 육아를 위한 신혼부부 지원 방안
- 청년 가구 주거 지원

[8·27]

- 수도권 주택 공급 확대 추진 및 투기지역 지정을 통한 시장 안정 기조 강화
- 수도권 30만 호 주택 공급이 가능한 공공 택지 30여 곳 추가 개발
- 서울 동작·종로·중구·동대문 등 네 곳 투기지역 지정
- 경기 광명·하남 투기과열지구 지정

[8·29]

- 실수요자 주거 안정을 위한 금융 지원 방안

[8·31]

- 2018년 도시 재생 뉴딜 사업 선정(전국 99곳 선정)

[9·13]

- 주택 시장 안정 대책
- 종합부동산세 강화(세율 인상, 3주택·조정대상지역 2주택 세율 및 세 부담 상한 인상 등)
- 양도세 강화(일시적 2주택 기간 3년 → 2년)

  ☞ 정부는 2017년 8월 가격은 대책을 발표한 후 보완 대책을 통해 부동산 시장을 압박했지만, 2018년 8월까지 서울 아파트는 KB부동산 시세 기준 8.87% 상승했습니다. 지방과 달리 서울에서 투기지역을 추가로 선정할 정도였죠.
  서울 아파트 가격이 상승한 원인이 공급 부족이라는 전문가들의 의견과 달리, 정부는 투기 수요 때문이라고 판단해 수도권 30만 호 공급을 발표합니다. 대

상지는 선정하지 않고 말이죠. 또 세금 요건을 더욱 강화하며 다주택자의 부담이 늘어나도록 했습니다. 고가 주택과 다주택 보유자를 대상으로 종합부동산세 세율을 인상한 것입니다.

여기에 1가구 2주택을 이용한 투기 수요를 차단하기 위해 일시적 2주택 허용 기간을 줄였습니다. 이 당시 가격 상승을 막기 위해 더 이상 정부가 내세울 방안이 없다는 의견이 나올 정도로 어지간한 규제책은 모두 등장했습니다.

[9·21]

- 수도권 주택 공급 확대 방안
- 수도권 공공 택지 확보 30만 호 공급

[10·12]

- 무주택 실수요자 우선 공급 등을 위한 주택 공급 제도 개선안 입법 예고
- 9·13 대책 후속 조치

[12·6]

- 주택 공급에 관한 규칙 등 개정안 시행
- 9·13 대책 후속 조치

[12·19]

- 2차 공공 택지 발표 및 토지거래허가구역 7곳 지정
- 3기 신도시 4곳 확정(남양주 왕숙, 하남 교산, 과천, 인천 계양)

☞ 그동안 3기 신도시가 어디인가에 대한 의견이 분분했습니다. 드디어 발표된 지역은 네 군데였습니다. 사실 서울 근교면서 택지로 개발할 수 있는 곳은 그다지 많지 않습니다. 어느 정도 예측한 곳으로 선정되었지만, 예상 밖인 곳도 있었습니다.

시장에서는 2기 신도시도 아직 교통편 등이 미비한 점을 들어 3기 신도시에 대해 회의적인 의견이 많았죠. 이에 따라 정부는 3기 신도시를 건설하며 대중교통부터 구축한다고 발표했습니다. 그러나 지하철은 예산 문제 등으로 쉽게 개통할 수 없습니다. 지금까지 1기와 2기 신도시를 돌아보면, 부침이 있을지언정 어느 정도 도시 모습을 갖춰나갈 때부터 가격이 안정적으로 유지되며 상승했습니다.

[1·8] 2018년 세법 후속 시행령 개정안

- 1세대 1주택 비과세 적용 시, 1주택만 보유한 날부터 보유 기간 적용
- 장기임대주택 최초 거주 주택 양도 1회만 1세대 1주택 비과세 허용
- 등록 임대주택 관리 강화 방안

 ☞ 2018년에 전세 가격은 안정화되었지만, 서울 아파트 매매 가격은 무려 13.56%나 상승했습니다. 온갖 규제에도 1년간 매매 가격이 2010년대 들어 가장 높은 상승률을 기록한 것입니다. 2018년에 가격이 주춤하며 정부는 집값을 잡았다고 생각했지만, 여름부터 갑자기 그동안 오르지 않았던 곳 위주로 급상승했습니다. 수많은 규제책을 지속적으로 시행했지만, 상승 추세를 보인 부동산 시장을 잡지 못한 것이죠. 다만 임대 시장은 점차 안정화되었습니다. 가격을 잡지 못한 것은 분명하지만, 더 큰 폭등을 사전에 막았다고 봅니다.

부동산 거래 규제는 단순히 국토교통부에서만 담당하는 일은 아닙니다. 대출이라는 요소가 관련된 만큼 금융도 중요한 역할을 하죠. 이에 따라 기획재정부도 여러 정책을 펼쳤습니다. 투기 세력이라고 표현하지만, 어느 정도는 실수요자에 의한 거래라는 것을 인지하고 있기에 1가구 1주택에 대한 규제도 시행했습니다.

한편 이미 규제가 심한 조정대상지역에 적용할 수 있는 정책은 실질적으로 남아 있지 않은 상황이었습니다. 유일하게 남은 것이 있다면 그것은 바로 좀 더 강력한 금융 규제입니다.

[1·24]

- 표준단독주택공시가격 현실화

[1·29]

- 2019 국가 균형 발전 프로젝트

[2·12]

- 표준지공시지가 현실화

[3·14]

- 공동주택 공시가격 현실화

[4·23]

- 2019년 주거종합계획
- 공적 임대 17.6만 호 공급
- 110만 가구 지원

[5·7]

- 제3차 신규 택지 추진 계획
- 수도권 주택 30만 호 공급 방안
- 3기 신도시 추가 발표(고양 창릉, 부천 대장)

[5·21]

- 위례신도시 트램 공공 주도 추진

[8·12]

- 민간 택지 분양가 상한제 적용 기준 개선 추진

[11·6]

- 민간 택지 분양가 상한제 지정(서울 27개 동 지정)
- 부산 3개 구, 고양, 남양주에 대해 부분 조정대상지역 해제

[12·16] 주택 시장 안정화 방안

- 9억 원 초과 주택 LTV 강화
- 15억 원 초과 주택 담보 대출 금지
- DSR·RTI 강화
- 9억 원 초과 주택 전세 자금 대출 제한
- 종합부동산세율 인상 및 세 부담 상한선 조정(조정 2주택 200% → 300%)
- 종합부동산세 1주택 고령자 및 합산 공제 확대, 공시가격 현실화
- 1세대 1주택 장기보유특별공제 거주 요건 강화

- 등록 임대주택 양도세 비과세 요건 추가
- 조정대상지역 양도세 중과 주택 수에 분양권 포함
- 양도세율 인상(2년 미만 보유)
- 조정대상지역 양도세 중과 한시적 배제(2020년 6월까지)
- 민간 택지 분양가 상한제 적용 지역 확대
- 전매 제한 및 재당첨 제한 요건 강화

☞ 강력한 규제 방안을 지속적으로 펼치자 서울 아파트 매매 가격은 드디어 마이너스로 돌아서기 시작했습니다. 그런데 한시름 놓았다고 생각한 것도 잠시, 2019년 7월부터 본격적으로 또다시 가격이 상승했죠. 그 때문에 정부는 다시 한번 보다 강력한 규제 정책을 발표하기에 이릅니다.

바로 주택 가격에 따른 대출 조건 강화입니다. 주택 매매 가격 9억 원과 15억 원을 기준으로 대출 한도가 달라졌습니다. 종합부동산세도 변경했고 고액 주택에 대한 보유세를 강화했습니다. 투기적 대출 수요를 규제하며, 보유 부담을 높이고 거래 질서를 확립하겠다는 것이 정부의 입장이었습니다.

지속적으로 요청한 공급 확대에 대해서도 이미 언급한 30만 호는 물론, 그 외의 보완책까지 발표한 대책이었습니다. 또 임대사업자의 대출 조건까지 강화하며 시장을 더욱 압박했다고 할 수 있습니다.

여기에 그동안 전세 자금을 근거로 주택을 매수했다는 점을 들어 다주택자의 전세 대출을 막았습니다. 1가구 소유주까지 전세 대출을 받을 수 없게 되었죠. 이는 상당히 강력한 규제입니다. 지금까지는 2017년에 발표한 8·2 대책이 가장 강력했는데, 12.16 대책은 그에 버금가는 정책이라고 할 수 있습니다.

2020

[2·20]

- 투기 수요 차단을 통한 주택 시장 안정적 관리 기조 강화
- 수원시 영통구·권선구·장안구, 안양시 만안구, 의왕시를 조정대상지역으로 지정
- 조정대상지역 LTV 60% 적용에서 9억 원 이하면 LTV 50% 적용, 9억 원 초과일 경우 LTV 30% 적용으로 변경

☞ 매우 강력한 정책으로 평가받는 12·16 정책에 이어, 새해가 되자 정부는 또다

시 시장에 압박을 가했습니다. 서울에 대한 규제 여파로 수도권 아파트 가격이 무섭게 상승하자, 수원시 영통구·권선구·장안구, 안양시 만안구, 그리고 의왕시를 조정대상지역으로 지정하고 LTV 한도를 강화했습니다.

여러분이 이 책을 읽는 시점은 2020년 3월 이후일 것입니다. 어떤가요? 부동산 가격이 정책에 아랑곳없이 상승했나요? 이번에는 안정화되었나요? 정책을 살펴보는 것은 그것이 시장에 어떤 식으로 영향을 미칠지 예측하기 위해서죠. 시장을 이기는 정책은 없다고 하지만, 길게 보면 시장도 결국 정책에 수렴합니다. 가격이 상승 혹은 하락 추세를 보이는가에 따라 정책의 영향력이 달라질 뿐입니다. 이는 언제나 그래왔습니다.

부동산 가격은 올라가면 떨어지고, 떨어지면 올라갑니다. 그 과정에서 정부의 역할은 거주 안정성을 완만하게 높이는 것입니다. 그런 관점에서 부동산 정책을 살펴보며 시장의 향방을 가늠해보면 도움이 될 겁니다.

서울 아파트 지도

초판 1쇄 발행 2020년 4월 13일

지은이 이재범(핑크팬더)
발행인 이재진 **단행본사업본부장** 신동해
편집장 이남경 **책임편집** 김보람
디자인 this-cover.com **마케팅** 이현은 최혜진
홍보 박현아 최새롬 김지연 **제작** 정석훈

브랜드 리더스북
주소 경기도 파주시 회동길 20
주문전화 02-3670-1595 **팩스** 031-949-0817
문의전화 031-956-7352(편집) 031-956-7567(마케팅)
홈페이지 www.wjbooks.co.kr
페이스북 www.facebook.com/wjbook
포스트 post.naver.com/wj_booking

발행처 ㈜웅진씽크빅 **출판신고** 1980년 3월 29일 제406-2007-000046호

한국어판 출판권 ⓒ ㈜웅진씽크빅, 2020
ISBN 978-89-01-24138-8 03320

사롱
아파트
지리

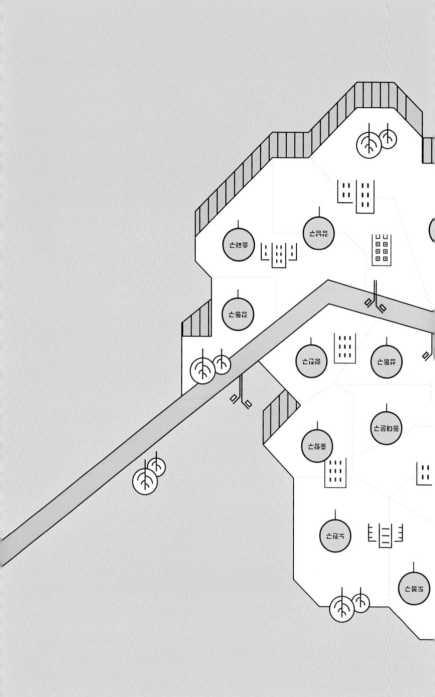

서울 아파트 지도

9억 원 이하 유망 아파트 30곳

이재범(핑크팬더) 지음

리더스북

응급구조사의길

실거래가	5.9억 원
위치	노원구 공릉동 747
준공연월	2000.10
건설사	두산건설
세대수	579세대·8개 동
용적률·건폐율	310%·25%
공급면적	78~149㎡
교통편	화랑대역(6호선)
학군	태릉초, 공릉중, 중계중, 태랑중
기타	이마트, 한국원자력병원, 경춘선 숲길

• 모든 실거래가는 2020년 1월 기준 전용면적 84㎡ 가격이며,
현재 시세와 다소 차이가 있을 수 있습니다.

상계주공7단지

실거래가	6억 원
위치	노원구 상계동 692
준공연월	1988.7
건설사	대한주택공사
세대수	2,634세대·21개 동
용적률·건폐율	196%·13%
공급면적	58~105㎡
교통편	노원역(4·7호선)
학군	상월초, 상원중, 온곡중, 청원중
인접 시설	롯데백화점, 상계백병원

공릉풍림아이원

실거래가	6.1억 원
위치	노원구 공릉동 725
준공연월	2001.9
건설사	풍림산업
세대수	1,601세대·14개 동
용적률·건폐율	252%·17%
공급면적	46~148㎡
교통편	하계역(7호선), 광운대역(1호선)
학군	용원초, 하계중, 중원중, 한천중
인접 시설	이마트, 홈플러스, 을지대병원, 원자력병원

한신 · 한진

실거래가	6.2억 원
위치	성북구 돈암동 609-1
준공연월	1988.7
건설사	한진건설, 한신공영
세대수	4,515세대·31개 동
용적률·건폐율	276%·20%
공급면적	81~183㎡
교통편	성신여대입구역(4호선·우이신설선)
학군	돈암초, 우촌초, 동구여중, 개운중, 길음중

묵동아이파크

실거래가	6.7억 원
위치	중랑구 묵동 385
준공연월	2002.6
건설사	현대산업개발
세대수	601세대·8개 동
용적률·건폐율	296%·19%
공급면적	107~171㎡
교통편	먹골역(7호선)
학군	묵현초, 원묵중, 태릉중, 봉화중
인접 시설	이마트, 홈플러스, 서울의료원

구로두산위브

실거래가	6.7억 원
위치	구로구 구로동 1278
준공연월	2006.7
건설사	두산산업개발
세대수	660세대·9개 동
용적률·건폐율	252%·18%
공급면적	53~103㎡
교통편	남구로역(7호선)
학군	구로남초, 영서중, 구로중, 신도림중
인접 시설	롯데아울렛, 이마트, 고대구로병원

대상타운현대

실거래가	6.8억 원
위치	도봉구 방학동 720-1
준공연월	2001.10
건설사	대상
세대수	1,278세대·16개 동
용적률·건폐율	301%·19%
공급면적	80~198㎡
교통편	방학역(1호선)
학군	창도초, 창동중, 창일중, 창북중
인접 시설	이마트, 홈플러스, 상계백병원, 방학사계광장공원

남서울힐스테이트

실거래가	6.9억 원
위치	금천구 시흥동 1026
준공연월	2011.10
건설사	현대건설
세대수	1,764세대·19개 동
용적률·건폐율	249%·14%
공급면적	82~189㎡
교통편	금천구청역(1호선)
학군	문백초, 문일중, 시흥중, 가산중
인접 시설	홈플러스, 롯데마트, 뉴코아

방학삼성래미안1차

실거래가	7억 원
위치	도봉구 방학동 720-18
준공연월	2002.10
건설사	삼성물산
세대수	603세대·11개 동
용적률·건폐율	249%·14%
공급면적	122~181㎡
교통편	방학역(1호선)
학군	창도초, 도봉중, 창일중, 창북중
인접 시설	롯데백화점, 홈플러스, 상계백병원, 방학사계광장공원

관악드림타운

실거래가	7.1억 원
위치	관악구 봉천동 1712
준공연월	2003.9
건설사	삼성물산, 동아건설산업
세대수	3,544세대·44개 동
용적률·건폐율	267%·16%
공급면적	80~141㎡
교통편	숭실대입구역(7호선)
학군	구암초, 구암중, 관악중, 인헌중
인접 시설	롯데백화점, 중앙대병원

전농SK

실거래가	7.15억 원
위치	동대문구 전농동 10
준공연월	2000.7
건설사	SK건설
세대수	1,830세대·16개 동
용적률·건폐율	275%·20%
공급면적	80~141㎡
교통편	청량리역(1호선)
학군	전동초, 배봉초, 전농중, 전동중
인접 시설	롯데백화점, 롯데마트, 이마트, 경희대병원

(구로)삼성래미안

실거래가	7.2억 원
위치	구로구 구로동 256-1
준공연월	2004.5
건설사	삼성물산
세대수	1,244세대·16개 동
용적률·건폐율	318%·22%
공급면적	74~134㎡
교통편	남구로역(7호선)
학군	영서초, 영서중, 구로중, 신도림중
인접 시설	롯데아울렛, 이마트, 고대구로병원

창동쌍용

실거래가	7.3억 원
위치	도봉구 창동 807
준공연월	1997.2
건설사	쌍용건설
세대수	1,352세대·15개 동
용적률·건폐율	292%·20%
공급면적	79~157㎡
교통편	창동역(1호선)
학군	자운초, 창동중, 창일중, 창북중
인접 시설	롯데백화점, 이마트, 상계백병원, 방학사계광장공원

북한산아이파크

실거래가	7.4억 원
위치	도봉구 창동 825
준공연월	2004.7
건설사	현대산업개발
세대수	2,061세대·25개 동
용적률·건폐율	335%·19%
공급면적	112~210㎡
교통편	창동역(1호선)
학군	가인초, 창동초, 창일중, 창북중, 백운중
인접 시설	롯데백화점, 이마트, 상계백병원, 방학사계광장공원

대현럭키

실거래가	7.5억 원
위치	서대문구 대현동 144
준공연월	1999.2
건설사	LG건설
세대수	855세대·10개 동
용적률·건폐율	229%·23%
공급면적	81~142㎡
교통편	이대역(2호선)
학군	북성초, 추계초, 이대부중, 연북중, 홍은중
인접 시설	현대백화점, 이마트, 신촌세브란스병원

관악푸르지오

실거래가	7.5억 원
위치	관악구 봉천동 1717
준공연월	2004.8
건설사	대우건설
세대수	2,104세대·23개 동
용적률·건폐율	294%·17%
공급면적	79~139㎡
교통편	서울대입구역(2호선), 남성역(7호선)
학군	신남성초, 봉천초, 상도중, 사당중
인접 시설	이마트, 홈플러스, 중앙대병원

이문e편한세상

실거래가	7.6억 원
위치	동대문구 이문동 225
준공연월	2003.7
건설사	대림산업
세대수	1,378세대·19개 동
용적률·건폐율	251%·17%
공급면적	85~166㎡
교통편	신이문역(1호선)
학군	이문초, 경희중, 경희여중, 청량중
인접 시설	이마트, 홈플러스, 경희대병원

인왕산힐스테이트(인왕산현대)

실거래가	7.6억 원
위치	서대문구 홍제동 460
준공연월	2000.7
건설사	현대건설
세대수	700세대·10개 동
용적률·건폐율	289%·24%
공급면적	83~140㎡
교통편	무악재역(3호선)
학군	안산초, 인왕중, 연북중, 홍은중
인접 시설	신촌세브란스병원, 백련근린공원

동아청솔

실거래가	7.6억 원
위치	도봉구 창동 808
준공연월	1997.3
건설사	동아건설
세대수	1,981세대·18개 동
용적률·건폐율	249%·16%
공급면적	80~164㎡
교통편	창동역(1호선)
학군	자운초, 창동중, 창일중, 선덕중
인접 시설	롯데백화점, 이마트, 상계백병원, 방학사계광장공원

실거래가	7.8억 원
위치	영등포구 대림동 607-1
준공연월	1998.10
건설사	코오롱건설
세대수	481세대·5개 동
용적률·건폐율	352%·21%
공급면적	80~166㎡
교통편	신도림역(1·2호선)
학군	신영초, 대영중, 영원중, 문래중
인접 시설	현대백화점, 타임스퀘어, 이마트, 고대구로병원

은평뉴타운박석고개힐스테이트1단지

실거래가	8억 원
위치	은평구 진관동 102
준공연월	2009.1
건설사	태영건설, 현대건설
세대수	947세대·16개 동
용적률·건폐율	169%·19%
공급면적	79~175㎡
교통편	구파발역(3호선)
학군	은진초, 신도중, 연천중, 불광중
인접 시설	스타필드고양, 은평성모병원

관악동부센트레빌

실거래가	8억 원
위치	관악구 봉천동 1719
준공연월	2004.5
건설사	동부건설
세대수	487세대·7개 동
용적률·건폐율	248%·17%
공급면적	79~136㎡
교통편	서울대입구역(2호선)
학군	구암초, 봉원중, 관악중, 구암중
인접 시설	롯데백화점, 중앙대병원

고척파크푸르지오

실거래가	8억 원
위치	구로구 고척동 339
준공연월	2009.5
건설사	대우건설
세대수	662세대·11개 동
용적률·건폐율	159%·17%
공급면적	82~139㎡
교통편	양천구청역(2호선)
학군	덕의초, 고척중, 우신중, 오류중
인접 시설	현대백화점, AK플라자, 이마트, 고대구로병원, 구로성심병원

홍제원힐스테이트(홍제원현대)

실거래가	8억 원
위치	서대문구 홍제동 459
준공연월	2000.6
건설사	현대건설
세대수	939세대·15개 동
용적률·건폐율	269%·22%
공급면적	82~140㎡
교통편	홍제역(3호선)
학군	인왕초, 인왕중, 홍은중, 연북중
인접 시설	이마트, 신촌세브란스병원, 강북삼성병원

주거공간이펙터

실거래가	8억 원
위치	성북구 보문동3가 2
준공연월	2003.8
건설사	현대산업개발
세대수	431세대·8개 동
용적률·건폐율	233%·19%
공급면적	78~152㎡
교통편	보문역(6호선·우이신설선)
학군	동신초, 대광초, 한성여중, 개운중
인접 시설	롯데백화점, 이마트, 고대안암병원

성원샤피아트리베앙상가

실거래가	8억 원
위치	강북구 미아동 812
준공연월	2010.5
건설사	삼성물산
세대수	1,330세대·22개 동
용적률·건폐율	239%·15%
공급면적	79~141㎡
교통편	삼양사거리역(우이신설선)
학군	송천초, 영훈초, 삼각산중, 영훈국제중
인접 시설	롯데백화점, 현대백화점, 이마트

길음역금호어울림센터힐

실거래가	8.4억 원
위치	성북구 돈암동 643
준공연월	2016.3
건설사	금호산업
세대수	490세대·6개 동
용적률·건폐율	243%·17%
공급면적	77~151㎡
교통편	길음역(4호선)
학군	개운초, 개운중, 길음중, 고명중
인접 시설	현대백화점, 이마트, 고대안암병원

불광롯데캐슬

실거래가	8.5억 원
위치	은평구 불광동 645
준공연월	2018.11
건설사	롯데건설
세대수	588세대·9개 동
용적률·건폐율	226%·20%
공급면적	79~169㎡
교통편	불광역(3·6호선)
학군	불광초, 은혜초, 불광중, 구산중
인접 시설	이마트, 은평성모병원

래미안이문2차

실거래가	8.7억 원
위치	동대문구 이문동 311
준공연월	2004.4
건설사	삼성물산
세대수	648세대·9개 동
용적률·건폐율	248%·15%
공급면적	78~177㎡
교통편	외대앞역(1호선)
학군	청량초, 경희중, 경희여중, 정화여중
인접 시설	롯데백화점, 이마트, 롯데마트, 경희대병원

금호벽산

실거래가	8.8억 원
위치	성동구 금호동1가 633
준공연월	2001.12
건설사	벽산건설
세대수	1,707세대·20개 동
용적률·건폐율	219%·16%
공급면적	78~141㎡
교통편	신금호역(5호선)
학군	금북초, 옥수초, 무학중, 광희중
인접 시설	현대백화점, 롯데마트, 엔터식스, 한양대병원